Meiner lieben Frau Karina, die mir stets jeden Freiraum schafft, danke ich für die kreativ-kritische Begleitung aller publizistischen Arbeiten.

Jürgen Helfricht

Die Dresdner Frauenkirche

Eine Chronik von 1000 bis heute

Mit Fotos
vor Ulrich Häßler

Husum

Umschlaggestaltung unter Verwendung eines Fotos der Frauenkirche vom 11. August 2004 und von Motiven aus dem Buch

Bibliografische Information Der Deutschen Bibliothek

Die Deutsche Bibliothek verzeichnet diese Publikation in der Deutschen Nationalbibliografie; detaillierte bibliografische Daten sind im Internet über http://dnb.ddb.de abrufbar.

4., aktualisierte Auflage 2005

© 2003 by Husum Druck- und Verlagsgesellschaft mbH u. Co. KG, Husum
Gesamtherstellung: Husum Druck- und Verlagsgesellschaft,
Postfach 1480, D-25804 Husum – www.verlagsgruppe.de

ISBN 3-89876-122-3

Vorwort

Sie ist das Wahrzeichen Dresdens, die prachtvollste Kathedrale der evangelischen Christenheit – die Dresdner Frauenkirche. Neben Zwinger, Gemäldegalerie und Dresdner Stollen macht ihre Kuppel den Charme der berühmtesten Barockstadt Europas aus, prägt das Wunder aus gewachsenem Stein die Silhouette von Elbflorenz.

Zwischen 1726 und 1743 auf uraltem, heiligem Ort errichtet, erlebte sie glanzvolle und düstere Tage. Als in der Nacht vom 13. zum 14. Februar 1945 Alliierte Dresden in Schutt und Asche bombten, 35 000 Menschen starben, läutete auch für dieses Kleinod der Weltkultur die Totenglocke. Fast 50 Jahre lang eine Kriegsruine, wächst George Bährs „Steinerne Glocke" seit 1994 wieder in den Himmel, wird im Oktober 2005 innen wie außen in alter Pracht erstrahlen.

Weltweit gilt der archäologisch getreue Wiederaufbau mit der 12 000 Tonnen schweren Kuppel, der großen Orgel Gottfried Silbermanns, dem kunstvollen Altar, dem wundervollen Geläut und dem 4,60 Meter hohen Goldkreuz als einzigartig. Eine faszinierende Auferstehung aus Sandstein, die für viele auch ein Stück Erfüllung ihrer Sehnsucht nach dem alten Dresden ist.

In Wort und Bild wird hier geschildert, wie aus dem 22 000 Kubikmeter umfassenden Trümmerberg das 91,23 Meter hohe Meisterstück für die Ewigkeit ein zweites Mal entsteht. Rund 131 Millionen Euro teuer, von über einer Million Spendern zusammengetragen.

Tauchen Sie ein in die Chronik des göttlichen Jahrhundertwerks, die den Blick ins Gestern, ins Morgen öffnet.

Zimmermeister George Bähr und seine „Steinerne Glocke"

Die Dresdner Frauenkirche, „die reichsweit bedeutendste städtische Pfarrkirche im 18. Jahrhundert", der „vollendetste Kirchenbau der protestantischen Welt" – einem Mann aus Fürstenwalde vom Kamm des Osterzgebirges verdanken wir das zu Stein gewordene Wunder barocker Architektur: Ratszimmermeister George Bähr (1666–1738)!

Der Sachse hatte die Vision von der Kuppel aus Stein mit dem kühnen Schwung, überzeugte trickreich seine Auftraggeber, baute zwölf Jahre lang und erlebte dennoch die Vollendung seines Lebenswerkes nicht.

Ein knappes Jahrhundert nach seinem Tode tauchte die Legende auf, Bähr hätte sich selbst entleibt. Vom ständigen Kampf um sein Werk müde, krank geworden und von Selbstzweifeln geplagt, habe sich der 72-jährige Greis am 16. März des Jahres 1738 ein letztes Mal vom Krankenlager erhoben, zur Kirchenbaustelle auf das Gerüst geschleppt. Nach jähem Sturz soll der geniale Künstler mit geborstenem Schädel sein Leben ausgehaucht haben. Novellisten bemächtigten sich fortan des Stoffes, schmückten ihn mit manch wundersamem Detail aus. Als im Juli 1854 die vermeintlichen Gebeine Bährs auf dem Johannisfriedhof vor dem Pirnaischen Tor zur Umbettung in die Katakomben der Frauenkirche gehoben wurden, entdeckte man tatsächlich ein Gerippe, dessen Schädel über der rechten Augenhöhle gebrochen war und das drei Rippenbrüche aufwies. Zweifellos ein anderer, unbekannter Toter. Denn der unter Stickfluss und

Schwindsucht leidende Meister Bähr war in seinen letzten Lebenstagen ans Bett gefesselt, starb nach zeitgenössischen Berichten am 16. März 1738 in den Armen seiner dritten Ehefrau, Johanna Juliane (Hochzeit 1729, der Ehe entsprossen drei Töchter und drei Söhne), im eigenen Hause in der Seegasse.

Solch Mythos, wie er sich um George Bährs Tod rankt, gestatten die Sachsen nur wirklich bedeutenden Männern. Auch August dem Starken (´670 bis 1733). Der Sachsenfürst und Polenkönig, der Erzeuger von 365 Kindern gewesen sein soll, förderte das Frauenkirchen-Projekt: denn der monumentale Bau kam seinen kühnen Plänen entgegen, Dresden zu einer Metropole gleich Venedig zu machen. Und weil eine Bewilligung des imposanten Baus für die Landeskinder der beste Beweis war, dass es der im Luther-Land zum Katholizismus konvertierte Monarch mit der Religionsfreiheit wirklich ernst meinte.

Viele Jahre gingen ins Land, bis George Bähr die „Steinerne Glocke" bauen durfte: 1693 ist er erstmals als Zimmermanns-Geselle in Dresden nachweisbar, 1705 berief ihn der Rat zum Ratszimmermeister, 1711 erwarb er nach seinem Hauskauf An der Mauer/Ecke Seegasse das Bürgerrecht, seit 1726 führte er den Titel Architekt.

Schon 1705 bis 1708 beteiligte sich Bähr am Bau der Kirche im Elbdorf Loschwitz, 1710 an der Dresdner Waisenhauskirche. Es folgten Gotteshäuser in Schmiedeberg (1713–1716), Pockau-Forchheim (1719–1726), Königstein (1720–1724), Kesselsdorf (1723–1726), Hohnstein (1725), die Dreikönigskirche zu Dresden (1732–1739). In der sächsischen Residenz schuf Bähr Bürgerhäuser. Im Elbweindorf Diesbar-Seußlitz auf den Mauern des alten Klosters gar ein dreiflügeliges Schloss mit Kirche (1722–1738).

*Ansicht des
ersten Projektes
George Bährs
aus den Jahren
1724/25*

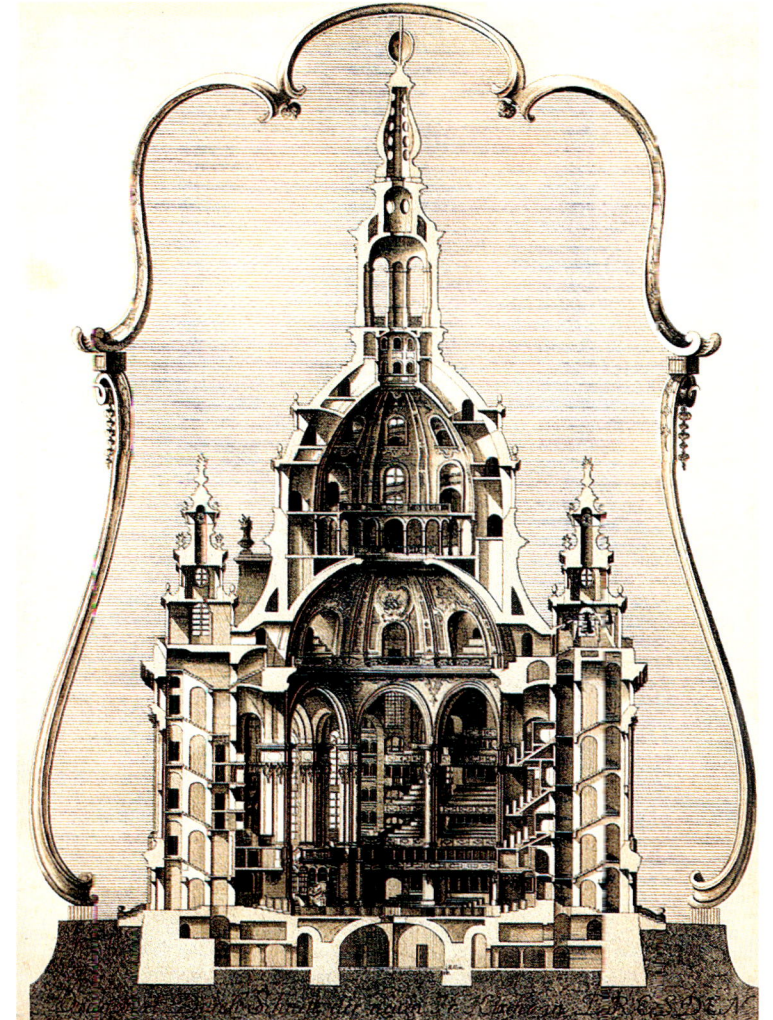

*Diagonal-
schnitt der
Frauenkirche
von 1735.
Nach einem
Projekt
George Bährs
gestochen von
Christian
Philipp Linde-
mann*

Anno 1722 war George Bähr längst ein gefragter Mann, dennoch kein Stararchitekt. Bis zu seinem Tode wurde er nie gemalt oder in Kupfer gestochen. In diesem Jahr standen Dresdens Stadtväter vor einer schweren Entscheidung: Die alte Frauenkirche aus dem 14. Jahrhundert, in die ein großer Teil der Dresdner Bürger und 16 umliegende Orte eingepfarrt waren, drohte aus „Altersschwäche" einzustürzen. Ihre Mauern waren aus dem Lot, die Bögen über den Pfeilern und die Gewölbe des Chores gerissen. Unter der Last alter schwerer Hohlziegel und des Turmes mit drei Glocken bogen sich die Dachbalken. Würde eine Mauer nachgeben, musste die nachsinkende Last alles über den Haufen werfen, womöglich eine ganze Sonntagsgemeinde unter sich begraben. Zuerst stellte man das Glockenläuten ein, dann sperrte man den Kirchboden für die Gottesdienstbesucher.

Als nach dem Osterfest in der Ratssitzung vom 9. April 1722 das prekäre Thema behandelt wurde, sprach sich Ratszimmermeister George Bähr für einen kompletten Neubau aus. Und wenig später betraute ihn der Rat mit der Planung dafür. Des Königs Gouverneur Christoph August Graf von Wackerbarth (1662–1734) unterstützte den Neubau. Doch vier Jahre gingen ins Land: neue Entwürfe, Einwände, Kostensorgen …

Die Grundsteinlegung fand schließlich am Montag, dem 26. August 1726, statt. Auf 82 555 Taler, 11 Groschen und 9 Pfennige belief sich Bährs reduzierter, dritter Kostenvoranschlag vom 10. Mai 1726. Dafür wollte er Dresden eine Kirche in quadratischer Form errichten. Mit Mauern und Glockentürmen aus Sandstein, großen Rundbogenfenstern und einer hoch gestreckten Kuppel aus Holz. Etwas anderes konnte sich der Bauausschuss auch gar nicht vorstellen. Niemand nahm damals an dem eigentlich unverfänglichen Satz im Angebot Anstoß: „Das Dach zu be-

decken soll nur der obere Theil und der Thurm mit Kupffer bedecket werden, der untere Theil dieses Taches, und was grosse Flächen seyn, können
nen mit besonderen Tach Steinen bedecket werden …"
Der erste Vorstoß Bährs, die Kuppel aus Stein errichten zu wollen!
George Bähr war per Ratssitzung die Aufsicht und das Direktorium des
Baues übertragen worden. Alles geschah unter dem wachsamen Auge
des Kurfürsten, der ihm wohl fünf Audienzen gewährte. Als Polier hatte
Bähr seinen Vetter David Schubarth vorgeschlagen. Maurermeister Fehre
wurde mit der Bauausführung betraut. Für die Baugrube forderte er 30
Handlanger, für die Grundmauern 16 Maurer. Um von Lohnfuhren unab-
hängig zu sein, schaffte der Rat selbst vier Pferde und zwei Langwagen an.
Es fiel kurioserweise nicht einmal den um jeden Pfennig besorgten Ratsherren auf, dass Bähr von Anbeginn Umfassungsmauern und Kuppelpfei-
ler viel stärker als auf den genehmigten Plänen dargestellt bauen ließ –
viel mächtiger als für eine Holzkuppel erforderlich!
Erst zur Ratssitzung am 20. Oktober 1729 wurde die Sache offensichtlich.
Als die Gelder zur Neige gingen, die Kosten aber in die Höhe schossen,
brachte Bähr offiziell die steinerne Kuppel ins Spiel. Er überzeugte mit
den Argumenten, dass sie viel fester, dauerhafter und preiswerter als ein
Holzbauwerk mit Kupferbedeckung sein werde. Erst schien alles klar,
doch dann hatte Ratsmaurermeister Fehre schwere Bedenken. Vier Jahre
lang wurde über die Kuppel diskutiert, holte man Gutachten ein, ließ Mo-
delle bauen. Schließlich am 27. August 1733 der Beschluss: Auch der
obere Teil der Kuppel wird aus Stein gebaut!
Bähr sah, wie sich der Kuppelkranz schloss, wie Emporen, Betstuben, Altar und Orgel Gestalt annahmen. Er freute sich, wenn der von Geldnot ge-

plagte Rat immer mehr Opulenz im Innenausbau genehmigte. Doch das fertige Lebenswerk samt Laterne und Obelisk in Augenschein zu nehmen, war ihm nicht mehr vergönnt.

Risse an Pfeilern und Bögen entfachten kurz nach Bährs Tod einen heftigen Streit um die Zukunft der Sandstein-Kuppel: Während der Leipziger Baumeister David Schatz die Risse als unerheblich einstufte, nur den Abtransport der etwa 3000 Zentner Rüstholz und Bauschutt von der Innenkuppel anmahnte, versetzte der gerade mit dem Bau der benachbarten Katholischen Hofkirche beschäftigte italienische Baumeister Gaetano Chiaveri (1689–1770) den Ratsherren einen Schock: Die acht viel zu schwachen Pfeiler würden unter der gewaltigen Last der Kuppel brechen. Als einzige Lösung sah er das Abtragen der Steinkuppel, ihren Ersatz durch eine galante, mit Blei gedeckte Holzkonstruktion.

Da sich keine weiteren Risse zeigten, wurde 1743 entgegen mancher Bedenken die Kuppel mit steinerner Laterne, vergoldetem kupfernen Knopf und eisernem Kreuz vollendet – nach insgesamt 17 Jahren Bauzeit und 288 510 Talern Baukosten, die vor allem die Dresdner aufbrachten!

Erst als bei der Beschießung Dresdens durch die Preußen 1760 mehr als 100 auf die Kirche geschleuderte Bomben machtlos von der Sandstein-Kuppel abprallten, waren viele Zweifler von ihrer Festigkeit überzeugt.

Das Einzigartige am Bauwerk George Bährs blieb nicht die 12 000 Tonnen schwere, komplett steinerne Kuppel als Himmelssymbol – ähnliche finden sich auch in Florenz, London, Paris, Rom oder Venedig. Faszinierend ist die konkave, an eine Glocke erinnernde, Form. Sie blieb weltweit ein Unikat und brachte Bährs genialer Schöpfung den Namen „Steinerne Glocke" ein.

Der Dresdner Neumarkt vom Jüdenhof aus. In der Bildmitte erhebt sich die Frauenkirche. Bernardo Bellotto, genannt Canaletto, malte die Vedute zwischen 1749 und 1751.

13

Als die Dresdner Frauenkirche im Inferno versank

Sie war für die Ewigkeit gebaut – aber sie überlebte nur 202 Jahre. Es war die Nacht zwischen Karneval und Aschermittwoch, als auf Dresden die Bomben fielen. „Achtung, Achtung! Hier spricht die örtliche Luftschutzleitung: Bombenwürfe über dem Stadtgebiet. Volksgenossen, haltet Sand und Wasser bereit!", mahnte es über den Rundfunk. Genau 22.13 Uhr am 13. Februar 1945 brach über die schönste Barockstadt Europas die Hölle, der wohl fatalste Luftangriff des Zweiten Weltkrieges, herein.

Lang tobte bereits der Krieg. Doch den Dresdnern war bisher erspart geblieben, worunter Menschen anderer Großstädte leiden mussten: der Luftkrieg. Das ist kein Zufall, meinten viele Bürger, und die merkwürdigsten Gerüchte kursierten: Churchills Tante solle nahe der Stadt leben, das unzerstörte Juwel würde nach dem Kriege deutsche Hauptstadt werden, es gäbe ein stillschweigendes Übereinkommen beider Seiten, Oxford und Dresden zu verschonen. Man gab der vermeintlichen Oase schon den Namen „Reichsluftschutzkeller".

Über 600 000 Dresdner und fast eine halbe Million Flüchtlinge lebten hier. Unter ihnen viele Schlesier. Sie waren vor der Roten Armee Richtung Westen auf der Flucht, die mittlerweile kaum 150 Kilometer östlich Dresdens stand.

Was keiner ahnte: Dresdens Untergang war vom britischen Premier Winston Churchill (1874–1965) schon vor seiner Reise zum Treffen der

Anti-Hitler-Koalition in Jalta am 4. Februar 1945 besiegelt worden. Ein Mann hatte nur noch den Befehl zu geben: Air Chief Marshal Sir Arthur Harris (1892–1984). Und den erteilte er am 13. Februar, schickte 772 Flugzeuge in zwei Wellen über die unvorbereitete Stadt, in der kaum Flakgeschütze existierten.

Zuerst rissen Sprengbomben Schneisen ins Häusermeer, dann regnete es Brandbomben. Fackelsäulen schossen aus einzelnen Häusern in die kalte Nacht, vereinten sich zu lichterloh brennenden Straßenzügen, in denen sogar der Asphalt schmolz. Dann loderten ganze Stadtteile, ein einziger Feuerorkan. Mitten in das Inferno der weidwunden Stadt luden am nächsten Mittag noch einmal 311 US-Bomber ihre vernichtende Last ab – der Todesstoß!

3500 Tonnen Bomben ließen rund 35 000 Menschen sterben. Sie verbrannten auf offener Straße, wurden von einstürzenden Häusern erschlagen, von Tieffliegern erschossen, erstickten in Kellern der über 15 Quadratkilometer zerstörten Stadt.

„Wer das Weinen verlernt hat, der lernt es wieder beim Untergang Dresdens", klagte Literaturnobelpreisträger Gerhart Hauptmann (1862–1946), der das Inferno vom Naturheilsanatorium Weidner auf den Oberloschwitzer Elbhängen beobachtete.

Das Wahrzeichen Dresdens – die Frauenkirche – stemmte sich fast eineinhalb Tage lang gegen die Vernichtung. Alle Bomben glitten an der doppelwandigen Steinkuppel mit der einzigartigen Form ab. Wie ein Funken Hoffnung im tosenden Vulkan reckte sich George Bährs Wunderwerk, das bis zu 6000 Menschen fasste, über rauchenden Ruinen. Doch dann, am Vormittag des 15. Februar, knisterte es erst leise. Langsam sank die Kup-

15

Dieses Foto um 1930 zeigt die Frauenkirche mit den Häusern am Dresdner Neumarkt aus der Vogelperspektive.

*Ein Blick auf das zerbombte Dresdner Stadtzentrum mit der zerstörten
Frauenkirche (Mitte) nach dem 13./14. Februar 1945*

pel in sich zusammen, bis mit einem lauten Knall die Außenwände barsten und alle Pracht in einer Staubwolke verschwand.

Es gibt keine eindrucksvollere Schilderung von den letzten Stunden der Frauenkirche als die des Kirchenoberinspektors Hermann Weinert (1881–1954): *„Nach Einschalten der mehrere Stunden aushaltenden elektrischen Notbeleuchtung jagten wir zum Wasserhydranten unter dem Altarkeller. Acht Doppelanschlüsse waren dazu bestimmt, jeden Brand im Kircheninnern zu ersticken. Der Wasserdruck war so stark, daß es bei den Übungen spielend gelang, die vier Seitentürme der Kuppel mit Wasser zu überschütten. Welch ein Schreck, als sich beim Niedergehen der Sprengbomben herausstellte, daß jede Wasserzufuhr abgeschnitten war. Die Schutzmannschaft wurde mit Handspritzen, Eimern, Spitzhacken usw. versehen.*

Eine am Neumarkt niedergehende Bombe erschütterte das Kirchengebäude derartig, daß die über sieben Zentner schwere Sandstein-Flammenvase des Glockenturmes C abstürzte … Beim zweiten Alarm nach Mitternacht hielten sich 300 hilfesuchende Menschen, darunter Wöchnerinnen mit dreitägigen Kindern, in den Kirchenkellern auf. Kritisch wurde die Lage, als nach 1 Uhr die Lohewellen des durch Kautschukbomben schwer getroffenen Landbauamtes die doppelt verglasten großen Fenster links und rechts des Portals C zum Platzen brachten. Sechs andere große Arkadenfenster waren in den Monaten vorher restlos zugemauert worden. Die Versuche, mit kleinem Löschgerät der Gefahr beizukommen, mussten wegen Mangels an Sauerstoff bald aufgegeben werden, da sowohl das neue eichene Schiffsgestühl als auch die Bänke auf den fünf Emporen gleichzeitig Feuer fingen, welches mit unvorstellbarer Vehemenz durch die aufgesprungenen Eingangstüren raste … Auch im Keller stieg die Gefahr von Stunde zu Stunde. Die mit starken Eichenbohlen belegten Öffnungen der Fernheizanlage im Kirchenschiff brannten aus, die brennenden Stücke stürzten herab und mussten wegen der Verqualmung gelöscht werden. Dadurch und durch das fortgesetzte Eintauchen der Taschentücher ging der Inhalt der bereitgestellten zwölf Wassertonnen zu Ende. In der höchsten Not meldeten die beiden militärischen Helfer, daß man den Versuch zum Aufstieg wagen möchte. Über den brennenden Asphalt zwischen Landbauamt und ‚St. Petersburg' wurden doppelte Sturmreihen gebildet. Hand in Hand brachte man die erschöpften Menschen bis auf die Brühlsche Terrasse bis zum Standbild von Ludwig Richter. Über die 95 Meter hohe Kuppel der Frauenkirche loderte, über die weißglühende kupferne Laterne, eine noch 10 Meter höhere Feuergarbe hinaus … Die Kuppel ist nach einwandfreien Augenzeugenberichten erst am Donnerstag, dem 15. Februar 1945, vormittags gegen 10.15 Uhr, in sich zusammengesunken. Ursache war die stundenlange enorme Hitzeeinwirkung bis zu 2000 Grad. Nach fachmännischem Urteil verträgt der Sandstein höchstens bis zu 1000 Grad."

Das Inferno von Dresden am 14. Februar 1945. Kunstmaler Otto Griebel, selbst Augenzeuge des Untergangs von Elbflorenz, schuf dieses Gemälde.

Verschmolzene Schraubenschlüssel – geborgen aus den Kellern des Hauses Neumarkt 7

Die mahnende Ruine im Herzen von Elbflorenz

In einem von Rosen umrankten Trümmerberg ragen zwei 30 bis 35 Meter hohe Mauerstümpfe gegen den Himmel. So erlebten die Dresdner, so sah die Welt über Jahrzehnte die Frauenkirche. Wo war die „Steinerne Glocke" mit ihrem einzigartigen Hall, die den wundervollen Knabengesang des Kreuzchores wie Sphärenklänge direkt aus dem Himmel erleben ließ? Wo war die Kuppel, die Dichterfürst Johann Wolfgang von Goethe (1749–1832) gleich zweimal in seinem Leben bestieg? Wo war das aus Stein gehauene Wunder, für das Richard Wagner (1813–1883) im Jahre 1843 „Das Liebesmahl der Apostel" komponierte und an das er später auch noch im „Gesang der Knaben aus der Kuppel" seines „Parsifal" erinnerte?

Jenes die weltberühmte Silhouette des altstädtischen Dresdner Elbufers so einzigartig prägende Bauwerk fand sich über 50 Jahre lang nur im Paradies der Erinnerung alter Dresdner, auf alten Postkarten, Zelluloidfilmen, Gemälden und Stichen wieder.

Dabei mangelte es nicht an frühesten Bemühungen, das Hauptwerk des deutschen Barock aufzubauen, dem Monument graziler Anmut und zierlicher Schlichtheit zu neuem Leben zu verhelfen. Doch verliefen die Pläne aus materiellen und aus ideologischen Gründen im Sande.

Gleich nach dem Zweiten Weltkrieg galt es noch als völlig selbstverständlich, dass die Frauenkirche aufgebaut wird. Natürlich erst nach Zwinger, Hofkirche, Gemäldegalerie, Semperoper … Man hatte auch schon errechnet, was der Wiederaufbau kosten könnte: 14 Millionen DDR-Mark!

War doch gerade George Bährs Schöpfung im Zusammenhang mit Restaurierungen zwischen 1938 und 1942 lückenlos dokumentiert. Alle Zeichnungen hatten den Krieg überstanden.

Im Herbst und Winter 1948/49 wurden unter Beteiligung des heutigen Dresdner Ehrenbürgers Prof. Dr.-Ing. Hans Nadler vom Landesamt für Denkmalpflege 600 Kubikmeter verwendungswerte Trümmer aus der Frauenkirchenruine geborgen. Insgesamt 856 Steine konnten vermessen, signiert, inventarisiert und an anderer Stelle gestapelt werden. Doch zehn Jahre später verbaute man ohne Sinn und Verstand die Hälfte der Steine bei Straßenarbeiten, befestigte mit ihnen das Elbufer.

Zumindest blieb der Trümmerberg unangetastet, bot die Idee vom späteren Wiederaufbau der Frauenkirche die Chance, dieses Stück Dresden vor der Alternative der stalinistischen Architektur des sozialistischen Realismus zu bewahren.

In den 60er Jahren fehlten die nötigen 982 000 Mark, um die aufragenden Ruinenteile des Treppenhauses E und des Choranbaus zu sichern, die schon ein 30 Zentimeter breiter Riss spaltete. Auch setzte sich der Schuttkegel im Laufe der Jahre um zwei Meter. Damit von herabstürzenden Steinen keine Gefahr mehr ausging, wildes Besteigen und Souvenirjagd unterblieben, schlug die Denkmalpflege eine Umpflanzung des Trümmerberges mit einer dichten Rosenhecke vor.

Dabei entstand ein sehr eindrucksvolles Monument, das von der Weite des Raumes lebte. Ein zwölf Meter hoher, 22 400 Kubikmeter umfassender Steinhaufen im Herzen von Elbflorenz als Symbol des Massenmordes, des menschlichen Todes, wider das Vergessen.

Und es wurde still um die verwitterten Sandsteinquader, die unter wi der

Vegetation und Rosenbüschen dahindämmerten. Ebenso still wurde es um die einst so klaren Worte für einen Wiederaufbau. Künstler bemächtigten sich des Motivs, das sie sogar als romantischen Tempel in der Melancholie des Mondscheins auf die Leinwand bannten.

1967 bekam die Ruine eine kleine, unscheinbare Gedenktafel mit den Daten der Erbauung der Kirche, auf der auch an den Tag ihrer Zerstörung erinnert wurde. Am 17. August 1982 verlegte man vor der Westseite der Ruine noch eine in Stein gefasste Gedenkplatte mit folgender Inschrift, ganz in der Diktion damaliger Zeit: „Die Frauenkirche in Dresden im Februar 1945 zerstört durch anglo-amerikanische Bomber. Erbaut von George Bähr 1726 bis 1743. Ihre Ruine erinnert an Zehntausende Tote und mahnt die Lebenden zum Kampf gegen imperialistische Barbarei, für Frieden und Glück der Menschheit."

Der Abend des 13. Februar mit dem traditionellen Läuten aller Dresdner Kirchenglocken zur Zeit der ersten Angriffswelle wurde ab 1982 zu einem Ritual, in dessen Zentrum die Frauenkirche stand. Im Gedenken an getötete Familienangehörige entzündeten Dresdner vor den Trümmern Kerzen und versammelten sich zu schweigenden Prozessionen.

Und fortan keimte an jedem 13. Februar aus altem Leid auch neue Hoffnung. Richteten sich die unzähligen alten und neuen Dresdner, die vielen rund um den Globus ausgewanderten, aber im Herzen immer mit der Heimat verbunden gebliebenen Residenzsachsen an einem Gedanken auf: dass die Frauenkirche einst in alter Pracht aufersteht!

Kurz vor Ende der DDR reifte 1988 sogar eine Idee, die enttrümmerte Ruine als Ort des Gedenkens für Gottesdienste und kirchliche Versammlungen mit 1000 Stehplätzen oder 400 bis 500 Sitzplätzen zu nutzen.

Das Denkmal von Reformator Martin Luther vor dem Trümmerberg der Frauen-kirche im Jahre 1983

25

Aufmarsch vor der mit Unkraut überwucherten Kirchenruine am 13. Februar 1987

26

Situation im Februar 1989: Die Ruine der Frauenkirche ist zu diesem Zeitpunkt noch unberührt.

Mit seiner Rede vor der Frauenkirchenruine lenkt Bundeskanzler Helmut Kohl am 19. Dezember 1989 das Interesse Deutschlands auf das zerstörte Gotteshaus.

Ein „Ruf aus Dresden" mobilisiert die Welt

Nirgends war und ist die Sehnsucht eines großen Teils der Öffentlichkeit nach den Bauwerken der Vorkriegszeit wohl so ausgeprägt wie in Dresden. Eine glühende, verzehrende Liebe nach verlorener Tradition, die sich vor allem in jenen Jahrzehnten verstärkte, in denen die Obrigkeit komplette alte Straßenzüge durch eine häufig schmalbrüstige Einheits- und Plattenarchitektur ersetzte.

Bücher wie „Das alte Dresden" von Kunsthistoriker-Legende Fritz Löffler (1899–1988) faszinierten Generationen, die Elbflorenz nicht mehr aus eigener Erinnerung kannten. Fritz Löffler war es auch, der 1984, als kaum noch einer daran glaubte, die prophetischen Worte niederschrieb: „So wird nach Vollendung des Opernhauses von Gottfried Semper 1985 und der anschließenden Wiederherstellung des Residenzschlosses auch die Frauenkirche künftig wieder das Stadtbild bekrönen."

Derweil errichtete der aus Dresden geflüchtete Ingenieur Manfred Illgen in seinem Hausgarten in Mühltal bei Darmstadt in 1200 Arbeitsstunden die Frauenkirche im Maßstab 1 : 65 aus Beton. Horst Dühring gestaltete in seiner Dortmunder Wohnung ein Modell des Innenraums der Kirche nach. Bundesdeutsche Politiker wie die in Dresden geborenen Herbert Wehner (1906–1990) und Wolfgang Mischnick (1921–2002) oder Dr. Hans-Jochen Vogel setzten sich wiederholt für den Wiederaufbau der Frauenkirche ein. Schon 1980 wollte die Bundestagsabgeordnete Lieselotte Berger von Westberlin aus die in aller Welt lebenden Dresdner sowie

Freunde der Stadt in einem Förderverein für den Wiederaufbau der Dresdner Frauenkirche zusammenführen. Anfang Dezember 1988 rief Dr. phil. Fritz L. Büttner (1921–2003) seine Remagener Fördergemeinschaft Frauenkirche Dresden ins Leben. Doch der große Schritt zur Tat musste in der Elbestadt selbst vollbracht werden.

Noch bevor Bundeskanzler Helmut Kohl am Abend des 19. Dezember 1989 in seiner eindrucksvollen Rede an der Frauenkirchenruine zu Zehntausenden über Demokratie, Deutschlands Zukunft und Reisen in Freiheit sprach, trafen sich am 24. November neun Bürger in der Wohnung des Kunsthändlers Heinz Miech (1914–1993) auf der Goetheallee: Architekt Dipl.-Ing. Steffen Gebhardt, Dipl.-Mediziner Hans-Christian Hoch und sein Vater, der Pfarrer Dr. theol. Karl-Ludwig Hoch, Hochbauingenieur Dr.-Ing. Hans-Joachim Jäger, Architekt Dr.- Ing. Walter Köckeritz, Kunsthistoriker Hans Joachim Neidhardt, Architekt Dipl.-Ing. Dieter Schölzel, Mikrobiologe Dr. med. vet. Rudolf Stephan und Zahnarzt Dr. med. Günter Voigt.

Alle vereinte eine Idee: die Gunst der Stunde nach der politischen Wende in der DDR für einen Wiederaufbau der Frauenkirche zu nutzen und dafür weltweit Verbündete zu suchen. Pfarrer Dr. Hoch kam gleich mit dem Entwurf „Ruf aus Dresden" zu dem Treffen.

Schon zwei Tage später war der weltbekannte Trompeter Professor Ludwig Güttler als Vorsitzender und Sprecher der „Bürgerinitiative für den Wiederaufbau der Frauenkirche" gewonnen worden. Als Startkapital stellte Professor Güttler 60 000 Mark seines DDR-Nationalpreises zur Verfügung.

Landesbischof Dr. Johannes Hempel wurde informiert, weitere Sympathisanten schlossen sich der Bürgerinitiative an, darunter der Physiker Prof. Dr. h.c. mult. Manfred Baron von Ardenne (1907–1997), der Kirchenhistor ker Dr. Karlheinz Blaschke, und der Schauspieler Friedrich-Wilhelm Junge.

Im Januar 1990 erhielten diplomatische Kreise den überarbeiteten „Ruf aus Dresden – 13. Februar 1990" zur Weiterleitung an die britische Königin und den US-Präsidenten. Am 13. Februar erfuhr die Welt von diesem einzigartigen Manifest, das von 22 Dresdner Persönlichkeiten unterzeichnet war und mit seinen klug gewählten Worten nicht nur in Deutschland, sondern europaweit, ja sogar rund um den Globus ungeahnte Kräfte entfesselte, Hilfsaktionen ins Leben rief:

„Ruf aus Dresden – 13. Februar 1990

Am 13. Februar 1945 – wenige Wochen vor Ende des bereits entschiedenen Krieges – legten Luftangriffe auch die Dresdner Frauenkirche in Trümmer. Jahrzehntelang war diese Ruine Anklage und Mahnmal für alle friedliebenden Menschen. In der schweren Zeit politischer Bedrückung und weltweiter Hochrüstung haben junge Menschen immer wieder brennende Kerzen auf die Ruine gestellt. In gewaltlosem Protest wollten sie Hoffnungszeichen setzen für eine Zeit des Friedens, der Gerechtigkeit und der Bewahrung des Lebens

Doch der weitere Verfall der Ruine ist nicht aufzuhalten. Ihre Sicherung und Erhaltung würde umfangreiche bauliche und finanzielle Anstrengungen erfordern.

Wir wissen, daß unsere sächsische Landeskirche keine Mittel für einen Wiederaufbau der Frauenkirche zur Verfügung hat.

Wir wissen, daß weder unsere Stadt noch unser Land diesen Aufbau finanzieren können.

Der weltbekannte Dresdner Trompeter Professor Ludwig Güttler (vorn) wurde Vorsitzender und Sprecher der „Bürgerinitiative für den Wiederaufbau der Frauenkirche".

Als ein Symbol des vereinten Deutschlands erhielt das Modell der Dresdner Frauenkirche auf der Weltausstellung Expo 2000 in Hannover vor dem Deutschen Pavillon einen Ehrenplatz.

Wir wissen, daß Kirchen der Bundesrepublik Deutschland den Aufbau vieler Gotteshäuser in unserem Land ermöglicht haben.

Wir wissen auch, daß Neubauten und Erhaltung von Altbauten angesichts des Zerfalls vieler Gebäude notwendiger sind als der Aufbau der Frauenkirche.

Dennoch: Wir wollen uns nicht damit abfinden, daß dieses einmalige und großartige Bauwerk Ruine bleiben soll oder gar abgetragen wird.

Wir rufen auf zu einer weltweiten Aktion des Wiederaufbaues der Dresdner Frauenkirche zu einem christlichen Weltfriedenszentrum im neuen Europa. In diesem Gotteshaus soll in Wort und Ton das Evangelium des Friedens verkündet, sollen Bilder des Friedens gezeigt, Friedensforschung und Friedenserziehung ermöglicht werden.

Damit würde der Weltkultur ein architektonisches Kunstwerk von einzigartiger Bedeutung wiedergeschenkt, das mit dem Namen des genialen Erbauers George Bähr, aber auch mit den Namen Gottfried Silbermann, Johann Sebastian Bach, Heinrich Schütz und Richard Wagner verbunden ist.

Damit würde ein steinernes Zeugnis des christlichen Glaubens wieder erstehen; ein Gotteshaus, das sich die evangelische Bürgerschaft auf den Fundamenten der ältesten Kirche Dresdens errichtete.

Damit würde eines der schönsten Städtebilder im Herzen Europas wieder seine beherrschende Krönung, die ‚Steinerne Glocke', erhalten, ohne die der Wiederaufbau Stückwerk bliebe.

Wir rufen auf zur Bildung einer internationalen Stiftung für den Wiederaufbau der Dresdner Frauenkirche, die in die Welterbeliste der UNESCO aufgenommen werden soll.

Wir wenden uns besonders an die Staaten, die den Zweiten Weltkrieg geführt haben. Es ist uns dabei schmerzlich bewußt, daß Deutschland diesen Krieg entfesselt hat.

Dennoch: Wir wenden uns auch an die Siegermächte und die vielen Menschen guten Willens in den USA, in Großbritannien und in aller Welt. Ermöglicht dieses europäische ‚Haus des Friedens'!

Wir wenden uns an die Dresdner in der Ferne: Dankt Eurer Heimatstadt durch ein Opfer zur Wiedererrichtung der Frauenkirche.

45 Jahre nach ihrer Zerstörung ist auch für uns die Zeit herangereift, die Frauenkirche als einen verpflichtenden Besitz der europäischen Kultur wiedererstehen zu lassen.

Darum rufen wir aus Dresden um Hilfe."

Architekt und Denkmalpfleger Torsten Remus (r.) auf der Baustelle zu Beginn der archäologischen Enttrümmerung 1993. Der Schuttberg (22 000 Kubikmeter) war 12,7 Meter hoch.

*Hebung eines großen Trümmerstücks. Der 95 Tonnen schwere „Schmetterling"
gelangte 2001 per Kran an seinen angestammten Platz in 37,3 Meter Höhe zurück.*

Das größte Puzzle der Welt im Hochregal

Drei Jahre nachdem der „Ruf aus Dresden" erschollen war, wurde es Anfang 1993 lebendig um die Ruine der Frauenkirche. Turmdrehkräne, Büro-Container, Schreitbagger, Gabelstapler, sogar ein Großsauger rückten an. Von der interessierten Öffentlichkeit begeistert verfolgt, begannen am 4. Januar die Spezialbau und Sanierung GmbH Nordhausen, die Sächsische Sandsteinwerke GmbH, das Ingenieur-Vermessungsbüro Dresden Graupner-Henke-Hofmann-Kaden, Architekten, Denkmalpfleger und geschulte Hilfskräfte ihre Arbeit an der Ruine. Archäologische Enttrümmerung – so nannten Experten die Beräumung des 22 000 Kubikmeter umfassenden, bis zu 12,7 Meter hohen Tafelberges.

Dem Start der Arbeiten gingen nicht nur umfangreiche Gutachten und Probebohrungen zur Erkundung von Bauwerk und Baugrund, jahrelange Planungen und die europaweite Ausschreibung, sondern auch eine hitzig geführte Diskussion voraus. Ein Grundsatzstreit entbrannte um die Frage, ob man die Kirche überhaupt wieder aufbauen dürfe. Selbst aus Kirchenkreisen kam die Warnung vor dem Auslöschen letzter Spuren des Dresdner Infernos. Von einem barocken Disneyland an der Elbe, von pseudohistorischer Architektur und von einem falschen, weil wieder aufgebauten, Kulturdenkmal war die Rede. Nicht einmal die beste Rekonstruktion würde die Sehnsucht nach dem Original ersetzen, warf man in die Diskussion ein. Traditionalisten und Modernisten prallten aufeinander. Der ganze Bau wäre ja sowieso unbezahlbar, könnte wie beim Kölner Dom vielleicht 500 Jahre dauern. Aus Sachsens Finanzministerium kam die irrwitzige Spar-Idee, Dresden mit einer der alten Kirche nachempfundenen Betonkuppel die verlorene Silhouette zurückzugeben.

Schließlich setzten sich aber jene durch, die den originalgetreuen Aufbau nach alten Plänen unter Verwendung der noch benutzbaren alten Steine favorisierten. Einen Wiederaufbau mit größter denkmalpflegerischer Pietät und außergewöhnlicher Sorgfalt nicht nur in der Form, sondern bis in jedes einzelne Detail. Eine archäologische Rekonstruktion, die teilweise alte, schwarz gefärbte Fassadensteine verwendet. Alte Steine, die an das besondere Schicksal dieses Baues erinnern. So wie es Sachsens Alt-Bischof einmal treffend formulierte: „Narben soll man zeigen, Wunden aber nicht künstlich offen halten."

Stein um Stein, Schicht um Schicht wurde der 71 x 74 Meter große Trümmerhaufen 17 Monate lang nach einem eigens festgelegten Schema abgetragen, das die Identifikation jedes Steines ermöglichte. Zuerst steckte man Planquadrate von 25 Quadratmetern Fläche ab. Dann trennte man die Fundstücke vom Schutt und markierte jeden Fund per Messingplakette mit eingestanzter Nummer. Nach einem ersten Versuch, den früheren Platz der Steinbrocken an Hand alter Fotos und Architekturzeichnungen im Kirchbau zu lokalisieren, schätzten Architekten wie Torsten Remus und Dieter Rosenkranz deren Nutzen in sechs Güteklassen ein: von „verwendbar ohne weitere Bearbeitung" bis „Neuanfertigung". Parallel dazu wurde die Position des Fundes im Trümmerberg registriert und in Karten eingetragen. Die Freilegung und Bergung der einige Kilo bis zu Tonnen schweren Brocken erfolgte per Hand oder schwerer Technik. Nochmals untersucht, fotografiert und digital gespeichert, gelangten die Sandsteine aus dem wohl größten Puzzle der Welt in extra

Baustelle zu Beginn der archäologischen Enttrümmerung 1993. Im Regallager am Dresdner Neumarkt stapeln sich 8390 Fassadensteine.
Rechts: Am 1. Juni 1993 entdeckte man das Turmkreuz unter den Schuttmassen.

unter freiem Himmel errichtete Hochregallager. Werksteine für die Fassade und Bildhauerelemente kamen bis zur Reparatur und ihrem Wiedereinbau in Regallager am Neumarkt, Hintermauerungssteine ans Käthe-Kollwitz-Ufer. Auf einem dritten Lagerplatz am Stadtrand brachte man unter anderem auch die von George Bähr verwandten Eisenanker unter.

Als sich am Ende der Enttrümmerung die Grundform des Zentralraumes, das griechische Kreuz, zeigte, waren 8390 Steine (1500 Kubikmeter) aus der Fassade und von inneren Wandflächen sowie über 91 500 Hintermauerungssteine (5700 Kubikmeter) geborgen. Zwischen 26 000 Tonnen Bauschutt fanden sich beispielsweise aber auch rund 2000 Steinmetzzeichen, etwa 1800 Bruchstücke vom Altar, vier Kandelaber vom Altartisch, Teile der Orgel, Türteile mit Beschlägen und Schlössern, Fensterglas, Stuckreste, von der Hitze verbogene Stahlträger der Empore, Gesang- und Gebetbücher, Notenständer, gefüllte Kollektenbüchsen, der beinahe unversehrte Inhalt einer Besenkammer.

Zum Festtag wurde der 1. Juni, der Tag, an dem das Turmkreuz der Laterne mit Knauf im südöstlichen Teil des Trümmerberges auftauchte. Die Dokumente im Turmknauf waren zwar verbrannt. Doch wenigstens 27 Münzen (zwischen 1743 und 1910 geprägt) sowie die Medaille zur Grundsteinlegung 1726 hatten sich in zwei Kupferblech-Kapseln erhalten.

Den sorgsamen Augen der Bauarchäologen entgingen auch zwölf uralte Steine – darunter Pfeiler- und Gewölberippensteine – aus gotischer Zeit nicht. Diese stammten noch aus dem Vorgängerbau der barocken Frauenkirche und waren von George Bähr mit vermauert worden.

Und immer waren die Grauen des Krieges nah: Angesichts dicker Ruß- und Ascheschichten am Kirchfußboden oder wenn Habseligkeiten jener ausgebombten Dresdner auftauchten, die in den ersten Stunden des Angriffs noch im Gotteshaus Schutz gesucht hatten. Am 23. Juni stieß das Bergungsteam sogar noch auf eine scharfe Stabbrandbombe.

Erstmals seit der Zerstörung der protestantischen Stadtkirche verkündete der Landesbischof am 23. Dezember 1993 wieder die Weihnachtsgeschichte vom Altar der Frauenkirche. Da war auch die Jesusfigur des Kruzifixes vom Altar gefunden. Bis April 1994 kamen noch Teile von Kanzel und Chorschranke hinzu. Spannend wurde es jedoch in den verschütteten Katakomben.

Steinlager am Elbufer in Dresden-Johannstadt von geborgenen Sandsteinen aus der Ruine im Juli 1993

Steine vom Trümmerberg werden für Einlagerung und Wiederverwendung bereitgelegt.

Grüfte geben ihre Geheimnisse preis

Alte Dresdner kannten die Frauenkirche über der Erde. Doch kaum einer wusste, welch ausgedehnte Unterwelt sie in ihren Kreuzgängen und Katakomben bis zu fünf Meter Tiefe verbarg. Mit der fortschreitenden Enttrümmerung stießen Experten 1994 auch in diese, teilweise seit Jahrhunderten unberührten, Regionen eines Totenreiches vor.

Schon in der Zeit des 17 Jahre währenden Baues der Kirche setzte man die ersten Verstorbenen in diesem unterirdischen Friedhof bei: Am 26. November 1728 wurde hier der Königlich Polnische und Kursächsische Kommissionsrat und Oberamtmann Paul Vockel begraben. Als Zweiter folgte am 23. Januar 1729 der Hofrat und Leibmedikus Johann Christoph Troppaneger. Am 2. Juni des gleichen Jahres früh 4 Uhr senkte man die sterblichen Überreste der Witwe des Geheimrats von Kühlener in ein Gewölbe ein. Der Dresdner Bürgermeister Johann Adam Jacobi fand zum 8. Januar 1737 seinen Frieden in der Gruft unter dem Glockenturm. Neben ihm der Ordensritter Geheimrat Hieronymus von Leipziger und die Gemahlin des Oberkonsistorialrates Dr. Schröder. Am 16. Januar 1739 setzten Totengräber die Tochter, am 8. Januar 1755 die Gemahlin des Fürsten Lubomirsky im hinteren Gewölbe des Glockenturmes bei. Der Oberstallmeister Augusts des Starken, Johann Adolph Graf von Brühl, wurde am 28. Dezember 1742 zwischen Mitternacht und ein Uhr per Fackelzug in die Gruft überführt und eingemauert.

Diese Erbbegräbnisse kosteten bei Erwachsenen 100, bei Kindern 50 Taler. Vermutlich kamen die vom Städtischen Brückenamt eingenommenen Grablege-Gebühren dem Weiterbau der Kirche zugute.

244 Personen, darunter viele Vertreter des sächsisch-polnischen Adels und der Generalität, die Familien von Hofbediensteten, Kirchenleute und vornehme Dresdner, fanden hier ihre letzte Ruhe. Die meisten Bestattungen in den Betstübchengrüften und Grabkammern erfolgten in den Jahren bis 1787, einige wenige noch bis 1858.

Durch den Einsturz der Kirche am 15. Februar 1945 wurden viele Grüfte und Grabkammern völlig zertrümmert. Immerhin konnten die sterblichen Überreste von 135 Personen geborgen und wichtige Informationen über das Bestattungsritual gewonnen werden.

Viele Verstorbene hatte man in einfachen Kleidungsstücken beigesetzt. Die Särge besaßen fast alle ein von außen zu öffnendes Schnappschloss. Oft wurden dem Toten die zur letzten Waschung benötigten Schwämme, Kamm, Rasierwasser und ein Satz Schlüssel beigelegt. Viele Särge waren mit quergelegten Handstrichziegeln einzeln eingemauert. Oft fünffach übereinander, wobei die Durchschnittsgröße eines Gruftplatzes 2,25 x 1,25 x 0,6 Meter betrug. Eine in den frischen Putz gedrückte, künstlerisch gravierte Zinkplatte gab Auskunft über den Toten. Häufig war sie in viereckiger, mitunter auch in Herz- oder Wappenform gestaltet.

Um Geruchsbelästigungen auszuschließen, hatte George Bähr die Keller mit einem raffinierten Entlüftungssystem aus gemauerten Kanälen ausgestattet: Zwei 30 Meter hohe Schächte gewährleisteten die Luftzirkulation. Als die Frauenkirche 1871 ihre erste Heizungsanlage bekam, wurden die Grüfte komplett zugemauert und nur beim Anschluss der Anlage an das Staatliche Fernheizwerk im Jahre 1907 kurz geöffnet.

47

Neues Tonnengewölbe im Kellergeschoss

Blick in einen Kellerraum mit aufgebrochenen Grabkammern. 244 Dresdner fanden in den Katakomben der Kirche ihre Grablege.

Das änderte sich jedoch am 3. November 1924. In den Vormittagsstunden meldete Kirchdiener Vogel, dass der gesamte Keller unter Wasser stünde. Bis zum späten Abend pumpte die Feuerwehr – dann kam man der Ursache nahe: ein Leck in der Hauptwasserleitung, genau da, wo zwei Wochen vorher die Wasseruhren ausgewechselt worden waren. Dank des hervorragenden Belüftungssystems wich die Feuchtigkeit aus der Unterwelt aber rasch.

Unruhe in den Grablegen gab es noch einmal in den Jahren 1938 bis 1943. Zur Erhöhung der Standfestigkeit der Kirche wurden die einzelnen Pfeilerfundamente untereinander verbunden. Dies erfolgte durch bergmännische Unterfahrung in zwei Meter Tiefe.

Während des Zweiten Weltkrieges nutzte man die Katakomben als Depot für Kirchenarchive und bewegliches Kunstgut. Das Reichsluftfahrtministerium lagerte hier sogar geheime militärische Lehrfilme.

Die nach dem Inferno unter den Dresdnern kursierende Legende, die von innen ausgehende Zerstörung der Kirche sei auf den Brand dieser Nitrozellulose-Filme zurückzuführen, ist durch neueste Untersuchungen widerlegt.

Schon im März 1945 wollte man die Schätze aus der Tiefe bergen. Dafür wurden bei Tür C in sechs Meter Tiefe die Grundmauern gesprengt und bei Tür G lange Stollen in die Katakomben getrieben. Während die Bergungs-Spezialisten das Filmarchiv sowie das Superintendentur-Archiv mit Duplikaten von Kirchenbüchern der Ephoralgemeinden als durch Brand restlos verloren sahen, konnten Bestände des Domarchivs mit etwa 200 Kirchenbücher-Duplikaten, eine Schreibmaschine, Zeichnungen, Fotos und Architektenpläne zur Frauenkirche, kleinere Bronzen und Plastiken der Sophienkirche sowie sonntägliche Abendmahl- und Taufgeräte gerettet werden.

Welch Überraschung, als man am 2. März 1994 unversehrte Filmrollen des Reichsluftfahrtministeriums in der nordöstlichen Grabkammer entdeckte. Von 476 Filmrollen, in der Hauptsache 35-mm-Rohfilm sowie belichtetes Positiv-, Negativ- und Tonmaterial, waren 214 Rollen in mehr oder weniger gutem Zustand. Die Auswertung des Fundes erfolgte im Filmarchiv des Bundesarchivs in Koblenz.

Ein weiterer sensationeller, weil gänzlich überraschender Fund im eingestürzten westlichen Hauptgewölbe fiel den Denkmalpflegern am 7. April in die Hände: der Schmerzensmann von 1616 aus der Dresdner Sophienkirche! Die einzigartige Steinplastik des leidenden Jesus galt als vermisst, überstand wie durch ein Wunder nahezu unversehrt in einem Eichenverschlag. Dresden-Besucher können sie heute vor der Schützkapelle der Kreuzkirche bewundern.

Lange suchte man in den verschütteten Katakomben vergebens nach zwei Ikonen: der Urne und dem Grabdenkmal des Frauenkirchen-Erbauers George Bähr. Seit 1859, nach ihrer Überführung vom Johannis-Friedhof, waren sie im Untergeschoss der Frauenkirche aufgestellt. Am 11. Mai, genau 13 Tage vor Abschluss der archäologischen Enttrümmerung, fanden sie sich unter dem letzten Schutthaufen von etwa 15 Kubikmeter in der nordwestlichen Ecke des nördlichen Keller-Bereichs. Das Grabmal lehnte, in mehrere Teile zerbrochen, an der Wand. Die in einer Holzkiste verpackte Urne stand davor.

Seit Oktober 1996 steht das George-Bähr-Grabmal in Pyramiden-Form, von Restauratoren-Hand zu alter Schönheit erweckt, an der Rückseite des

51

Das einstige Grabdenkmal des Frauenkirchen-Erbauers George Bähr ...

... war unter der Trümmerlast in mehrere Teile zerbrochen.

*Im März 1994
entdeckt man
in den Kellern
auch Filmrollen
des Reichs-
luftfahrt-
ministeriums.*

großen mittleren Gruftraumes der neuen Unterkirche: Auf einem Felsen sitzt eine trauernde Frauenfigur, die von Kapitellen, Gewölk und Putten umgeben ist. Auf einer gewaltigen Rocaille steht die Grabinschrift. Ein fliegender Putto hält in beiden Händen eine geöffnete Schriftrolle, auf der die Frauenkirch-Kuppel zu sehen ist. Allerdings nicht die 1743 fertig gestellte, sondern ein früherer Entwurf George Bährs.

Der Kunsthistoriker Joachim Menzhausen identifizierte das Grabmal als eine Arbeit Johann Christian Feiges d. J. (1720–1788).

So sehen die zur Unterkirche umfunktionierten Grüfte heute aus …

... und locken wie bei der Nacht der Kirchen in Dresden am 21. 6. 2003 jeden Monat Zehntausende an.

Ausgrabungen an der Frauenkirche im Winterkleid. Die Archäologen haben ihre Arbeit getan, jetzt kann gebaggert werden.

Goldringe und Totenkronen — rettende Grabungen

Nicht nur die Arbeiten am Kirchengebäude waren Mitte der 90er Jahre vorzubereiten. Da die Architekten unterirdische Garderoben-, Umkleide-, WC- und Technikräume mit 1300 Quadratmetern Nutzfläche außerhalb der Grundmauern geplant hatten, starteten Spezialisten des Sächsischen Landesamtes für Archäologie im Oktober 1994 umfangreiche Rettungs- grabungen auf dem südlichen, östlichen und nördlichen Baustellengelän- de. Die rund 700 Quadratmeter große Grabungsfläche umfasste Teile des alten Maternihospitals (seit dem 15. Jahrhundert an dieser Stelle) und den Friedhof der Vorgängerkirchen. Beide mussten bis 1743 der ba- rocken Frauenkirche weichen.

Vom alten Frauenkirchen-Friedhof, dessen Areal man vermutlich seit dem 11. Jahrhundert für christliche Bestattungen nutzte, waren bis zum Zeit- punkt der Grabungen nur wenige Details überliefert: Er wurde von einer 629 Ellen langen, frei stehenden Mauer umschlossen, in der sich vier Haupteingänge und zwei Nebentüren befanden. Der Eingang von der Landhausstraße her, durch den Verwandte die Leichen brachten, trug in lateinischen Lettern die Überschrift: „Ihr Vorübergehenden, denkt an uns, was wir sind – werdet ihr einst sein; einst waren wir das, was ihr jetzt seid." Das zweite Portal Richtung Jüdenhof hieß Birnbaumtüre, weil hier einst ein großer Birnbaum stand. Den dritten Eingang an der Töpferstraße zier- te ein Kruzifix. An der Innenseite hatte man die Auferstehung Christi in Stein gehauen und folgenden Schriftzug eingemeißelt: „Durch Christen- tum haben wir das ewige Leben." Zur Rampischen Straße führte noch das

Auf dem alten Frauenkirch-Friedhof legt diese Grabungstechnikerin vom Landesamt für Archäologie Sachsen Skelette frei.

Oben: Einer von 70 massiv goldenen Fingerringen, die aus den Gräbern ans Tageslicht kamen.

Auch 50 solcher Totenkronen gruben die Archäologen aus.

Rampische Tor. Über zwei kleine Nebenpforten gelangte man ins Materni-hospital und in die Kirchnerwohnung.

Die innere Friedhofsmauer zierten 88 Schwibbögen, unter denen die Erb-begräbnisse vornehmer Dresdner Familien angelegt waren. 285 Epita-phien (Grabinschriften), die älteste von 1537, gaben über die Toten Aus-kunft. 1713 hatte man noch eine besondere Gruft für Standespersonen errichtet.

Auf dem freien Gottesacker sollen 821 Grabdenkmäler bestanden ha-ben. Das älteste stammte vom herzoglichen Hofkaplan Hieronymus Em-ser aus dem Jahre 1527. Selbst eine Schwiegertochter des Reformators Dr. Martin Luther (1483–1546) war hier beerdigt. Die Inschrift auf ihrer Metalltafel wird wie folgt überliefert: „Anno 1586, den 15. Mai, am Sonn-tag Exaudi, ist Frau Anna Lutherin, Doktorin, gebohrene von Warbeck, in Gott selig entschlafen, der Gott genade. Amen."

Ein berühmter Sachse hatte schon 1715 durch den Bau der Hauptwache seine Gruft auf dem Frauenkirchhof verloren: Kanzler Dr. Nicolaus Krell (um 1551–1601). Der aufgeklärte Leipziger Professorensohn, der unter Kurfürst Christian I. (1560–1591) im Jahre 1589 zum kursächsischen Kanz-ler aufstieg, prägte Sachsens Innen- und Außenpolitik. Er betrieb die Ab-kehr von der auf die Habsburger ausgerichteten kaisertreuen Linie, eine Union protestantischer Fürsten, und wollte orthodoxe lutherische Positio-nen zugunsten calvinistischer Einflüsse erneuern. Durch mancherlei Re-formen, unter anderem die Entziehung der Jagdgerechtigkeit, machte er sich die adligen Stände zu erbitterten Gegnern. Kaum war der junge Kur-fürst beerdigt, wurde Krell in seinem Haus am Fischmarkt 514 verhaftet, seines Amtes enthoben und auf die Festung Königstein gebracht. Unter der Administration des Herzogs Friedrich Wilhelm von Sachsen-Weimar behandelten die Richter seine Amtsausübung als Landesverbrechen. Am 9. Oktober 1601, vormittags 11 Uhr, köpfte man den Kanzler auf dem Jüdenhof. Die Witwe des verstorbenen Kurfürsten soll von einem Fenster aus Zeuge des Blutgerichts gewesen sein. Das Richtschwert wird noch in der Rüstkammer gezeigt, und der Krellstein im Pflaster am Türkenbrunnen des Jüdenhofs markiert bis heute den Ort der Hinrichtung. Im Erbbegräbnis der Familie von Wierand an der Friedhofsmauer der Frauenkirche fand der Kanzler seine Ruhe.

Bereits 1987 hatte der Dresdner Archäologe Reinhard Spehr Gräber aus dem 11. bis 14. Jahrhundert und Reste der romanischen Kirche entdeckt. Während der elf Monate, bis August 1995, andauernden archäologischen Rettungsgrabungen wurden nun Teile der Friedhofsmauer mit daran angebauten Grüften und etwa 300 Gräber dokumentiert. Zu den aufgefundenen Familienbegräbnissen zählte das von Medicus Kaspar Kegeler. Die Grabungen erlaubten hochinteressante Einblicke in die Bestattungs-Praxis vergangener Jahrhunderte. So zwang der begrenzte Friedhofsraum die trauernden Familien, Erdgräber in mehreren Schichten anzulegen. Obwohl der christliche Bestattungs-Ritus Grabbeigaben verbietet, scheint man sich im Barock häufig über diese Regeln hinweggesetzt zu haben. Die Dresdner Toten wurden in spezieller Leichen- und Trauerkleidung mit Lederschuhen und sogar mit Schmuck beigesetzt. Goldene Gliederarmbänder, Bernstein- und Glasperlenketten, hölzerne Kruzifixe mit dem geschundenen Leib Christi aus Silber-Kupfer-Legierung, ein goldenes Pektoralkreuz, Buchbeschläge von Bibeln und Gesangbüchern

63

Silberkreuz von einem Sarg

legten die Archäologen mit Spatel und Pinsel frei oder siebten die K ein- odien aus der Erde. Außerdem konnten 70 massiv goldene Fingerringe, etwa 40 silberne Kruzifixe und 50 Totenkronen geborgen werden.

Von Verwandten und Freunden gestiftete Totenkronen aus versilberten oder vergoldeten Kupfer- und Eisendrähten mit Perlen, Kunstblumen, ge- trockneten Pflanzen und Früchten setzte man wohl unverheiratet gestorbe- nen Mädchen und Knaben auf den Kopf. Einerseits als Tugendkronen, wel- che die Jungfräulichkeit bezeugen, andererseits, damit die im Leben ver- säumte Vermählung im Tode nachgeholt werden konnte. Neben diesen ri- tuellen gab es auch hygienische Gründe. Die kursächsischen General- Artikel von 1557 geboten, dass jeder, der „von Gott durch Krankheit und tödlichen Abgang von diesem Jammerthal abgefordert würde, sol dersel- bige nicht alsobald begraben, besondern zum wenigsten zwelf Stunden doheim im Hause behalten werden". Gegen den damit besonders zur Sommerzeit entstehenden Leichengeruch band man neben den Glück bringenden Kalmuswurzeln, Buchsbaum- und Myrthenzweigen deshalb auch stark duftende Gewürze wie Nelken, Zimt, Rosmarin oder Jasmin ein. Auch in späteren Jahren stießen Archäologen rund um die Frauenkirche noch auf unterirdische Monumente von großem historischen und städte- baulichen Wert. So wurden 2002 Renaissance- und Barockkeller am Dresdner Neumarkt freigelegt. Dabei fand man einen Meter unter dem Pflaster des alten Neumarktes Reste des inneren Ringes der Dresdner Stadtmauer aus dem 14. Jahrhundert. Sie reichten offenbar in eine Tiefe von bis zu sechs Metern und schlossen einen halbrunden Schalenturm mit Schießscharten ein. Selbst Gewölbe des einstigen Gewandhauses von 1591, welches bereits 1791 abgebrochen wurde, kamen zutage.

Wiederaufbau mit alter Handwerkskunst und neuer Technik

Ein gewaltiges beheiztes Bauzelt, rund 72 Meter hoch, hunderte Tonnen schwer, mit Rüstplanken, acht Brückenkränen und Stahlträgern, beschirmt von einem 52 x 54 Meter großen und 300 Tonnen schweren Wetterschutzdach der Firma Thyssen Hünnebeck GmbH – darin wuchs das Wunder von Dresden. Mit seinen bizarren Kapitellen und Fenstergewänden, den Akanthusblättern des mächtigen Frieses, gemeißelten Blumengebinden, umlaufenden Konsolen, der kolossalen Kuppel mit ihren konkaven Schwüngen.

Es wuchs schneller als je gedacht, erreichte beim Abbau des Hauptgerüstes im August 2003 schon 62,60 Meter. Erstmals bekamen die Dresdner und ihre Gäste in diesem Sommer einen Vorgeschmack auf den Tag, an dem Elbflorenz endlich den vornehmsten Gipfel seiner Silhouette wiederhat. Dank des größten und schnellsten Projektes, das deutsche Denkmalschützer je verwirklichen konnten. Dank eines kühnen archäologischen Wiederaufbaus, der auf der Welt nichts Vergleichbares kennt.

Archäologischer Wiederaufbau – das bedeutet die vollständige Rekonstruktion der zerstörten Dresdner Frauenkirche nach den Originalplänen George Bährs, mit dem einst verwendeten Material, mit alter handwerklicher Tradition, natürlich unter Berücksichtigung moderner Erkenntnisse der Statik und heutiger bautechnischer Vorschriften.

Was sich wie die Quadratur des Kreises anhört, gelang Planern, Architek-

Das mit der Frauen-kirche emporge-wachsene Haupt-gerüst kurz vor der Fertigstellung der Hauptkuppel im August 2003

In luftiger Höhe montieren Arbeiter Gerüststangen.

Mit diesen Hydraulik- teilen wird das Dach angehoben. Narkus Abbühl, Spezialist aus der Schweiz, bei der Montage

ten und dem Kirchenbaudirektor: George Bährs steinerner Kuppelbau ersteht ohne sichtbare moderne Zutaten. Wie zur Erbauung der barocken Kirche Mitte des 18. Jahrhunderts ruht die doppelschalige Hauptkuppel auf acht Pfeilern. Diese werden durch rückwärtige Mauerwandscheiben, so genannte Spieramen, die die Last pyramidal verteilen, verstärkt. Bis zu acht Meter tiefe Fundamente, Gewölbemauern, Reste des Chores und des nordwestlichen Treppenturmes sowie viele andere alte Original-Steine sind wieder in den Bau komponiert.

Das Meisterwerk für die Ewigkeit – am 27. Mai 1994 begann mit der ersten Steinversetzung der Wiederaufbau. Auf die sonst übliche Grundsteinlegung wurde verzichtet, weil der am 26. August 1726 im Fundament des Choranbaus verankerte Grundstein noch an seinem Platz lag. Die Gemeinde sang Lob- und Dankeslieder, Posaunenbläser musizierten, Landesbischof Volker Kreß erteilte Gottes Segen. Auch Sachsens Ministerpräsident Prof. Kurt Hans Biedenkopf und Dresdens Oberbürgermeister Dr. Herbert Wagner waren anwesend, als der Vorsitzende der Fördergesellschaft und Stiftung e.V. Professor Ludwig Güttler eine Kupferhülse mit Zeitdokumenten hinter dem ersten zu versetzenden Stein im nördlichen Türgewände des Einganges A einließ.

Schon lange vor dem Baustart begann in ausgewählten Steinbrüchen der Sächsischen Schweiz die Arbeit. Wo früher Steinbrecher unter Lebensgefahr Felswände durch Unterhöhlung für die Bausteingewinnung zum Absturz brachten, halfen am Ende des 20. und zu Beginn des 21. Jahrhunderts Spreng- und Schneidetechnik. Statt auf Ochsenkarren, Pferdefuhrwerken und Elbkähnen kamen die häufig in den Sächsischen

Sandsteinwerken Pirna maschinell vorgesägten Blöcke per Sattelschlepper zur Baustelle – täglich 12 bis 19 Kubikmeter!

Doch in den Schauern am Fuße der Frauenkirchen-Baustelle erhielten sie von Steinmetzen nach traditioneller, aus dem Mittelalter überlieferter Technik mit Knüpfel (eine Art Holzhammer), Krönel (ein vielzähniges Steinbeil), Schrift- oder Scharriereisen noch per Hand ihre endgültige Form. Lediglich auf die Steinmetzzeichen, einst persönliche Gütesiegel, verzichtete die heutige Bauherrschaft.

Etwa 2800 komplizierte Fassaden- und Schmucksteine – darunter Gesimse, Tür- und Fenstergewände, Bogensteine, Traufbalken, Teile von Rauchvasen – entstanden als Meister- und Gesellenstücke, wurden von führenden Innungsbetrieben, Steinmetzschulen und Bauhütten aus Deutschland, Polen und der Schweiz gespendet. Wie beispielsweise von der Aschaffenburger Meisterschule des Steinmetzhandwerks. Dreizehn Meisterschüler meißelten hier in rund 1000 Arbeitsstunden aus Quadern harten Postaer Sandsteins, die aus dem Steinbruch Mühlleite bei Pirna per Tieflader angeliefert wurden, Gesimse der Treppentürme A und C.

Zu einer enormen Herausforderung entwickelte sich neben dem fachgerechten Versetzen der Steine mit Bleiblättchen, Keilen und Hanfstricken die Mörtelmischung. Wissenschaftler experimentierten lange, bis sie einen sandsteinverträglichen Mörtel entwickelt hatten, dessen Salze keine hässlichen Spuren durch Ausblühungen hinterlassen.

Natürlich standen den täglich (außer an Sonn- und Feiertagen) bis zu 120 Arbeitern auf der Baustelle, die Sommer wie Winter in zwei Schichten ihren Mann standen, moderne Hebezeuge zur Verfügung. Angesichts ton-

Steinmetz Olaf Hientzsch bereitet einen aus der Ruine geborgenen Stein für den Wiedereinbau vor.

Am Südwest-Treppenturm bringt Kupferklempner L. Beke Bleche an. J. Richter und T. Lochmann am Fenster vom Süd-Ost-Treppenturm. Restaurator-Praktikant C. Richter bei Arbeiten am Kuppel-Stuck. Restaurator H. Rescoller aus Bruneck/ talier.

nenschwerer Brocken gedachten sie bei der Arbeit häufig der Altvorderen, die allein mit Flaschenzug, Hebel und Rollen auskommen mussten.

Doch auch ein Arbeitsplatz auf dem höchsten Kran Dresdens in 102 Meter Höhe hat seine Tücken. Davon können Kranführer Hans-Georg Loggen und seine drei Kollegen ein Lied singen. Entweder sie steigen die 380 Stufen auf die Arbeitskanzel oder lassen sich mit der so genannten „Rakete" – einer engen Eisenkapsel an einer Kette – in die Höhe ziehen. Oben gibts natürlich keine Toilette, ist es glutheiß oder eiskalt. Von Heißluftballons und Turmfalken umschwebt, bei Gewittern von Blitzen umzuckt, von Sturmböen bis zu 65 Kilometer pro Stunde gerüttelt, transportieren sie per Funkbefehl Steinbrocken und Zementsilos durch die Lüfte, setzen alles millimetergenau am richtigen Platz ab. Da bleibt nur wenig Zeit, die herrliche Fernsicht bis ins Elbsandsteingebirge oder nach Meißen zu genießen.

In beeindruckendem Tempo begann sich die Kirche in den Himmel zu recken: Mit Los 2 (Heilit + Woerner, Philipp Holzmann und Sächsische Sandsteinwerke Pirna) hatte der Bau bis 18. April 1997 exakt 8,10 Meter Höhe erreicht. Los 3 und 3N (zusätzlich die Bamberger Firma Graser) ließen Außenmauern, Spieramen und Treppenhäuser bis 31. März 1999 auf 24,30 Meter wachsen. Die acht Innenpfeiler hatten 18,3 Meter Höhe erreicht. Während der folgenden Arbeiten an Los 4, die mit dem Setzen des Turmkreuzes abschließen, vollendet sich schon 2004 der 91,23 Meter hohe Kirchenbau in seiner äußeren Hülle.

Unzählige Probleme waren zu lösen, jeder Tag stellte die Bauleute vor neue Herausforderungen: Harmonisieren die neuen, hellen Steine neben den 3634 alten, verrußten Sandsteinen an der Fassade? Wie ist die idea-

le Zusammensetzung des Mörtels? Darf man zusammenhängende Trüm-
merstücke verbauen?

Den schwersten historischen Brocken bewältigten die Erbauer der Frauenkirche am 10. August 2001. Da kehrte das größte originale Trümmer-
stück – ein zusammenhängender Mauerwerkskörper mit 95 Tonnen Gewicht – in den nordöstlichen Treppenturm zurück. „Schmetterling" tauf-
ten die Dresdner das gigantische Bruchstück der Frauenkirche, das sich
am 15. Februar 1945 in das Pflaster des Neumarkts gebohrt hatte. Der
5,50 Meter breite und 3,50 Meter hohe Dachabschluss war kopfüber in
die Tiefe gestürzt, drehte sich vor dem Aufprall noch um 180 Grad. Am
Boden liegend, erinnerte er ein wenig an die gespreizten Schwingen eines Falters.

Eine Hydraulikanlage bewegte den „Schmetterling" in seine Ausgangs-
position. Per 800-Tonnen-Spezialkran schwebte er in einem Hebekäfig
durch das extra geöffnete Wetterschutzdach an seinen angestammten
Platz in 37,3 Meter Höhe. Nach knapp zwei Stunden Präzisions-Arbeit
war es geschafft.

Blick Richtung Elbe auf das mächtige Gerüst der Frauenkirche mit Wetterschutz-
dach
Links: Im Sommer 1995 war die Kirche bis auf die Fundamente freigelegt. Im
Vordergrund ist die Baugrube der unterirdischen Außenbauwerke zu sehen.

In der Unterkirche beginnt der Gottesdienst

Oben lärmende Geschäftigkeit: Hammerschläge dröhnen, Zimmerleute und Steinversetzer balancieren über Gerüststangen zur Schicht. Unten andächtige Stille: Junge und alte Menschen, die ihre Hände gefaltet haben, halten inne, beten. Seit Sommer 1996 ein alltägliches Bild auf der Baustelle der Dresdner Frauenkirche.

Am 21. August 1996, 51 Jahre nach der Zerstörung, weihte der Bischof der Evangelisch-Lutherischen Landeskirche Sachsens, Volker Kreß, die historischen Katakomben als Unterkirche, hauchte dem heiligen Ort neues kirchliches Leben ein. „Hier werden im besten Sinne öffentliche Gottesdienste sein", predigte er, „um Gott aus der Tiefe anzurufen. Aus der Tiefe menschlicher, irdischer Not zu Gott zu rufen, das ist die Bestimmung dieses Raumes, prägend für den ganzen Bau." Millionen haben seitdem in der Unterkirche Andachten, Gottesdienste, Friedensgebete, Kirchenmusik, Konzerte, Vorträge und Führungen erlebt. Meist reichen die etwa 300 Plätze nicht.

Bevor der Bischof seine hoffnungsvollen Worte sprechen konnte, mussten 5600, je 20 bis 30 Kilo schwere, Gewölbesteine vermauert werden. Am 23. Mai 1996 setzte man den Schlussstein. George Bähr hatte die Keller zur Aufstellung von Särgen konzipiert, kam deshalb mit grob behauenen Steinen, unregelmäßigen Kanten und Fugen aus. Für die neue Zweckbestimmung legte man viel höhere Qualitätsmaßstäbe an.

Den unterirdischen Raum dominiert ein elf Tonnen schwerer monolithischer Kalksandstein aus dem Steinbruch bei Kilkenny (Irland). Der Altar

steht genau im Schnittpunkt der sich in alle vier Himmelsrichtungen er-
streckenden Gewölbe-Tonnen. Diesen Stein ausgesucht und die polierte
trichterförmige Vertiefung eingelassen hat der in England lebende Künstler Anish Kapoor. Im indischen Bombay geboren und mit einer deutschen
Kunsthistorikerin verehelicht, stellte Kapoor als erster Jude nach 1945 einen Altar für eine deutsche Kirche her.

Die Dresdner taten sich anfänglich schwer mit dem rohen Stein und seiner
rätselhaften Vertiefung, die Nachdenken provoziert. Inzwischen ist er
nicht mehr wegzudenken.

Sandstein-Fußbodenplatten, Beleuchtungsanlage, ein Podest für Musiker und Chorsänger sowie eine kleine Orgel (Positiv) der Firma Jehmlich
komplettieren die weihevolle Stätte im Kellergeschoss.

Wer hier verweilt, bekommt einen Vorgeschmack auf künftige Tage. Ent-
sprechend der Satzung der Stiftung vom 28. Juni 1994 wird mit der Frauenkirche „ein Wahrzeichen entstehen, das zu Toleranz und Frieden der
Völker und Religionen untereinander mahnt, eine Stätte vielfältiger got-
tesdienstlicher Nutzung und der Begegnung wiedergewonnen werden,
die den Willen der Länder und Kirchen zum Aufbau eines gemeinschaft-
lichen Europas symbolisiert, ein Ort geschaffen werden zur Durchführung
von Symposien, Vorträgen, Konzerten und Ausstellungen".

Als 33. Pfarrer der Frauenkirche empfängt Stephan Fritz seit 2000 sozusa-
gen zwischen Mörtelkästen und Steinblöcken im Keller Menschen aus aller
Welt zu Andacht, Besinnung und Gebet. Obwohl die Kirche keine Gemeinde im klassischen Sinne hat, zählt jeder, der sie gerade besucht, zur Gemeinde.

Das Beeindruckende des Ortes, einen Wiederaufbau zu erleben, zieht

Neben Gottesdiensten finden seit Sommer 1996 in der Unterkirche Führungen, Konzerte, Vorträge und Symposien statt.
Rechts: Den elf Tonnen schweren Altar aus irischem Kalksandstein schuf der Künstler Anish Kapoor.

Gläubige ebenso wie viele der Kirche sonst eher fern Stehende, in einem anderen Kulturkreis Beheimatete oder von Eile geplagte Zeitgenossen magisch an.

„Das ist", meint Pfarrer Fritz, „ein deutliches Signal. Wenn Menschen heute auch mit der Institution Kirche nichts anfangen können, fehlt ihnen doch ohne die Religion etwas. In der Oberflächlichkeit unserer Zeit suchen sie nach Orten, wo sie Tiefgang finden. Ohne die Menschen zu vereinnahmen, machen wir deshalb kirchliche Angebote, wollen die Chance der guten Begegnung nutzen. Alle sollen, wenn sie die Frauenkirche betreten, aus der lebendigen Verknüpfung von Historischem und Gegenwärtigem, aus der Verbindung von Mahnmal und Denkmal im Hause Gottes weiterwirkende Eindrücke und Impulse erhalten."

Das ist auch eine Chance des Wiederaufbaus. Mit dieser faszinierenden Architektur, die Stein gewordener Glaube ist, eine Botschaft zu vermitteln: die Botschaft der Versöhnung, Heilung und Hoffnung. Vielleicht gehört gerade dieser Art Kirche die Zukunft.

Noch kann Fritz, der frühere Studentenpfarrer der TU Dresden, von Taufen und Hochzeiten in seiner Kirche nur träumen. Die soll es erst nach der Weihe am 30. Oktober 2005 und dann natürlich unter der weltberühmten Sandsteinkuppel geben.

Welche Rolle später der Unterkirche zukommt, wird sich zeigen. Vordenker in der evangelischen Landeskirche sehen in ihr einen Ort des kollektiven Gedenkens für die Opfer von Kriegen, Hunger, Ungerechtigkeit und Gewaltherrschaft. Auf jeden Fall werden es Zufluchtsorte, Räume der Stille und Besinnung bleiben, in denen der Geist des Glaubens, der Liebe, der Hoffnung und der Barmherzigkeit lebt.

Briten stiften das Kuppelkreuz der Versöhnung

Eiskalt, ungemütlich, fast wie in London. Nebelschwaden zogen morgens über die Elbe, am Nachmittag wechselten sich dicke Regentropfen mit Schneeflocken ab. Aber dieser 13. Februar 2000 war ein Tag der Hoffnung, Versöhnung, Freundschaft.

„Mit großer Freude übergebe ich deshalb im Namen vieler Bürger des Vereinigten Königreiches eir schließlich Ihrer Majestät der Königin – und in Demut vor Gott – dieses Kuppelkreuz. Möge es zu Beginn dieses neuen Jahrtausends ein Zeichen für erlebte Versöhnung und dauerhaften Frieden sein wie auch für unsere Verpflichtung, die Freundschaft zwischen unseren Völkern weiterhin zu vertiefen."

Gewichtige Worte, 55 Jahre nach der Zerstörung Dresdens gesprochen. Seine Königliche Hoheit, der Herzog von Kent, übergab dem Vorsitzenden des Kuratoriums der Stiftung Frauenkirche Dresden, Landesbischof Volker Kreß, vor der Baustelle das neue Turmkreuz.

Eine bewegende Geste: England schenkt der Stadt Dresden das etwa 4,60 Meter hohe, 1,25 Tonnen schwere und rund 500 000 Euro teure Kreuz. Eine Kopie des zerstörten Kuppelkreuzes der Frauenkirche. Und die Queen, die aus ihrer Privatschatulle einen vierstelligen Betrag spendete, sendete zu dieser Zeremonie ihren Cousin, der über seinen Großvater mütterlicherseits auch ein Cousin von Prinz Philip ist: Dr. h.c. mult. Edward George Nicholas Paul Patrick von Großbritannien und Irland, Herzog von Kent!

Bundeskanzler Gerhard Schröder, Sachsens Ministerpräsident Kurt Bie-

Seine Königliche Hoheit, der Herzog von Kent, übergibt Sachsens Landesbischof Volker Kreß am 13. Februar 2000 das Turmkreuz.

Kunstschmied Alan Smith (vorn) überwacht im Februar 2000 die Montage des vergoldeten Kuppelkreuzes vor der Frauenkirche. Sein Vater half 1945 an Bord eines britischen Lancaster-Bombers, Dresden zu zerstören.

denkopf und eine riesige Menschenmenge, die der Zeremonie unter Regenschirmen folgte, zollten dem Herzog von Kent als Vertreter der britischen Königsfamilie und Schirmherr des englischen Stiftervereins „Dresden Trust" Beifall. Dabei war auch Alan Russel, der als Gründer des „Dresden Trust" mit mehr als 2000 Briten – selbst Kriegswitwen und ehemalige Bomberpiloten gehören ihm an – Spendengelder für die Frauenkirche sammelte.

Die Feierlichkeiten hatten am Vormittag mit der Kranzniederlegung an der Massengrabstätte Zehntausender Bombenopfer auf dem Dresdner Heidefriedhof begonnen. Bis zum Abend fanden in Sachsens Landeshauptstadt 18 Trauerveranstaltungen statt: mit dem weltberühmten Dresdner Kreuzchor unter Kantor Roderich Kreile in der Kreuzkirche, mit der Sächsischen Staatskapelle unter Leitung von Sir Colin Davis in der Semperoper, in der Unterkirche der Frauenkirche … Beim ökumenischen Gottesdienst in der Kreuzkirche predigte der Bischof von Coventry, Colin Bennets. Diese englische Stadt war von deutschen Bombern zerstört worden, ist Dresden nunmehr seit Jahrzehnten in einer Städtepartnerschaft verbunden.

Doch dieser 13. Februar 2000 war der Tag des Friedens-Kreuzes. Seine Geschichte lässt sich in vergilbten Ratsakten des Stadtarchivs bis 1742 zurückverfolgen. In jenem Sommer erhielt der Bildhauer Johann Christian Feige vom Rat der Stadt zehn Taler „vor ein groß Modell zum Creuz auf Thurm".

Mit evangelischer Frömmigkeit und tiefer christlicher Symbolik wurde das Kunstwerk einst als krönender Abschluss der Kirche geschaffen. Das Passionskreuz auf dem Kuppelturm der Frauenkirche ist Sinnbild für den

Tod Christi am Kreuz, spricht Schulderlösung zu, bedeutet Glaubensheil. Kupferne Wolken verkünden die Wiederkehr Christi, und das Gottesnamenszeichen in Gestalt der drei Jehova-Flammen symbolisiert die Dreieinigkeit – Gott Vater, Sohn und Heiliger Geist. Äußerer und innerer Strahlenkranz bilden die Glorie. Als die schützende, Böses abwehrende Kraft Gottes, die befreiende Kraft Christi wird das Schlingwerk gedeutet. Die Akanthusblätter über dem Knopf stehen für den Lebensbaum aus dem Paradies.

Rasch einigten sich die Denkmalschützer: Das am 1. Juni 1993 unter den Trümmern der Frauenkirche geborgene Kreuz aus Kupfer und Eisen ließ sich nicht für die Wiederverwendung restaurieren, entsprach auch nicht mehr komplett dem Original von 1743. Große Teile hatte man bereits im 19. Jahrhundert ausgetauscht. Nichts deutete mehr auf die ursprünglich bläuliche Farbgebung der Wolkenkränze hin. Im März 1997 legte das Landesamt für Denkmalpflege die Farbgebung fest: Kreuzarme, Schlingwerk, Vasen-Blattwerk und Knopf sind dreifach in Rosennobel-Doppelgold mit Platinmetall 23,75 Karat auszuführen. Alle Strahlenfelder werden 24-karätig vergoldet. Gewölkkränze sind mit bläulicher Alkydharzfarbe zu bestreichen. Statt Eisen kommt rostfreier Edelstahl zum Einsatz.

Die Herstellung des Kreuzes bereitete der Londoner Architekt Peter Nardini vor. Nach einer Ausschreibung ging der Auftrag 1998 an die Grant Mac Donald, Silversmiths of Bear in London. Sonst fertigt die Firma silberne Korkenzieher und Schmuckdosen für den Export in den Mittleren Osten. Bei diesem Auftrag musste sie ein halbes Jahr lang alle Meisterschaft aufbieten, denn das Arbeiten ohne Einsatz von Maschinen war Bedingung, weil die Kopie von Kreuz und Kugel auf traditionelle Weise entstehen sollte.

Hier wurde die Nachkriegsgeschichte des Kreuzes auch zur anrührenden Geschichte eines englischen Bomberpiloten und seines Sohnes. Frank Smith war 31, als er mit seiner 57. Lancaster-Staffel 1945 Dresden vernichtete. „Mein Daddy hat die Zerstörung Dresdens nie verwunden. Mit dem Kreuz habe ich sein Vermächtnis erfüllt", gestand der 52-jährige Alan Smith. Er ist Kunstschmied in der Silberschmiede Grant Mac Donald am Südufer der Themse und fertigte das neue Kreuz. Allein sechs Wochen lang hämmerte der dreifache Familienvater Alan Smith immer wieder auf eine 1,3 Meter große und 2,5 Millimeter starke Platte.

Die Arbeit lohnte sich. Selbst die Queen staunte nicht schlecht, als sie das Kunstwerk besichtigte. Zuerst wurde das Kreuz im Innenhof von Schloss Windsor aufgestellt, am 1. Dezember 1998 dem deutschen Bundespräsidenten Roman Herzog anlässlich seines Staatsbesuches präsentiert. Danach reiste das britische Versöhnungsgeschenk zwölf Monate lang durch die eigenen königlichen Lande. Bevor es nach Dresden kam, sahen es die Briten in den Kathedralen von Coventry, Liverpool und Edinburgh, zuletzt in der Londoner St.-Pauls-Kathedrale.

Rechts: UNO-Generalsekretär Kofi Annan (2. v. r.) besucht mit Gattin die Baustelle der Frauenkirche am 26. April 1999. Baudirektor Eberhard Burger (2. v. l.) erläutert den Gästen das Bauwerk.

*Blick in
das
Kirchen-
innere
mit Orgel
und Altar
um 1932*

Silbermanns Orgel — ein schwerer Weg der Entscheidung

Die alte Orgel der Dresdner Frauenkirche war das 39. Meisterwerk des sächsischen Hof- und Landorgelbauers Gottfried Silbermann (1683–1753) aus dem Erzgebirgsort Frauenstein. Von 1732 bis 1736 für 8000 Taler gebaut, stellte sie das zweite von insgesamt vier dreimanualigen Instrumenten Silbermanns dar. Seine erste Großorgel schuf er 1710 bis 1714 für den Freiberger Dom. Ihr folgten die (heute zerstörten) Orgeln der Dresdner Frauenkirche und der Zittauer Johanniskirche (1738 bis 1741 gebaut). Sein letztes, posthum vollendetes, großes Werk entstand 1750 bis 1755 für die Dresdner Hofkirche.

Lange Zeit war Silbermanns Frauenkirchen-Orgel die größte im Kammerton in ganz Deutschland.

Auf diesem Instrument sollte am 2. Dezember 1736 auch der berühmte Orgelwettstreit zwischen dem Leipziger Thomas-Kantor Johann Sebastian Bach (1685–1750) und dem Franzosen Marchand vor Sachsens Kurfürsten Friedrich August II. (1696–1763) stattfinden. Doch als der Franzose am Vorabend den großen Meister bei einer kleinen Probe spielen hörte, suchte er schnell das Weite.

175 Jahre lang diente die Orgel mit drei Manualen und 43 Registern der Gemeinde. Das geniale, bis ins kleinste Detail sorgsam gearbeitete Instrument ringt uns heute noch größte Bewunderung ab. Mit Messing, Fichten- sowie Eichenholz, Zinn und Blei experimentierte Silbermann für

die insgesamt 20 Zentner schweren Pfeifen bis zu höchster Vollendung. Er verwendete Ziegen- und Schafsleder, Hanf, Weidenröhrchen, Holznägel und nach streng gehüteten Rezepturen gekochten Knochenleim.

Im Laufe der Zeit hatte man aber diverse Veränderungen vorgenommen. Beispielsweise veränderte Carl-Eduard Jehmlich 1774/75 die Stimmtonhöhe. 1911 erneuerte Hof-Orgelmeister Johannes Jahn das Instrument komplett, passte es den klanglichen und spieltechnischen Forderungen der Zeit an. Damit verbunden war die Erweiterung auf vier Manuale, 65 klingende Stimmen und 4450 Pfeifen. Außerdem wurde ein neues Schwellwerk eingebaut und die Zahl der Druck- und Zugregister auf 90 erhöht. Ein neues Gebläse mit Motorantrieb ersetzte die sechs Keilbälge. Wegen Klangschönheit und Berühmtheit der Orgel mussten ihre Pfeifen im Ersten Weltkrieg nicht eingeschmolzen werden.

1937 platzierte die Kirche auf der Westempore eine Chororgel mit 16 Registern. Vom Ende der 30er Jahre bis 1943 führte die Orgelbaufirma Jehmlich dann nochmals große Umbauten durch: das 1911 in die Hauptorgel eingebaute Schwellwerk versetzte man als Echowerk in die Kuppel. Die rechte Seitenempore bekam einen Fernspieltisch, von dem aus Hauptorgel, Echowerk und Chororgel gemeinsam bespielt werden konnten.

Analog den Planungen des archäologischen Wiederaufbaus der Kirche Ende des 20. Jahrhunderts startete nicht nur die Spendensammlung für die Orgel durch die Dussmann-Stiftung Ascholdinger Nachmittag, die sich als Sponsor meldete. Es begannen unter Experten auch lebhafte Diskussionen um die Rekonstruktion der Silbermann-Orgel, die als „Dresdner Orgelstreit" Schlagzeilen machten.

Orgel und Altar –
Farbentwurf von
Wolfgang Benndorf
1998

93

Probleme bereitete dabei kaum der barocke, acht Meter hohe Orgel-prospekt über dem Altar. George Bähr hatte sein endgültiges Modell geschaffen. Alle Bildhauer- und Tischlerarbeiten am hölzernen Orgelge-häuse sowie die Staffierung erledigte in Bährs Auftrag Johann Christian Feige.

Einigkeit herrschte über die äußere Form der Orgel, die zur beein-druckenden Innenarchitektur gehört und nach historischen Fotos und Zeichnungen so weit wie möglich originalgetreu nachempfunden wird.

Entgegengesetzte Meinungen und Wünsche gab es jedoch zur klang-lichen Gestalt. Sollte die Orgel rekonstruiert und ihre musikalischen Möglichkeiten damit von vornherein eingeschränkt werden? Oder sollte man ein neues, heutigen Anforderungen genügendes Instrument bau-en, das alle Gottesdienst- und Konzertaufgaben auf lange Sicht erfüllt, Orgelmusik vom 18. bis zum 20. Jahrhundert und darüber hinaus spielt? Um diese Fragen zu erörtern, beauftragte die Stiftung Frauenkirche 1996 eine ehrenamtliche Orgelkommission, in der Musiker, Organisten, Musikwissenschaftler und Orgelsachverständige saßen.

In deren Leitlinien von 2001 wurde unter anderem festgelegt: „Grund-sätzlich soll die Frauenkirche außer in ihrer gottesdienstlichen und kir-chenmusikalischen Bestimmung auch als Konzertstätte intensiv genutzt werden. Dabei ist eine Beschränkung der zur Aufführung kommenden Werke auf bestimmte Stilrichtungen, historische Epochen oder musikali-sche Gattungen nicht vorgesehen … Da das äußere Erscheinungsbild des Orgelgehäuses von 1736 wiederhergestellt wird, ist der räumlichen Ausdehnung des Werkes ein fester Rahmen gegeben … Das Gewicht der Orgel über dem Altar darf 20 Tonnen nicht überschreiten … Es be-

steht die Möglichkeit, innerhalb der unteren Kuppel in einem Kuppelbo-
gen oder in der oberen Kuppel ein Fernwerk einzubauen …"

Mitte Februar 2003 gab die Stiftung Frauenkirche nach einstimmigem
Beschluss bekannt, dass die Dresdner Frauenkirche eine moderne Orgel
im barocken Gewand erhält. Der etwa 1,5 Millionen Euro umfassende
Auftrag ging an die Straßburger Firma Daniel Kern. Dieser elsässische
Orgelbauer lässt mit seinen 20 Mitarbeitern keine Silbermann-Kopie
entstehen. Die Orgel wird, wie nach dem Umbau von 1911, wieder 65
statt 43 Register auf vier statt auf drei Manualen haben. Damit klingt sie
heller und voller.

Es gibt sogar eine historische Parallele: Gottfried Silbermann erlernte in
Straßburg bei seinem Bruder Andreas das Orgel-Handwerk und arbeitete hier fast zehn Jahre, bevor er nach Sachsen zurückkehrte!

„Maria" und die sieben neuen Glocken

Am ersten Mai-Wochenende 2003 bekam Elbflorenz seine Seele zurück. Den sieben neuen Glocken der wieder aufgebauten Frauenkirche bereitete die Bevölkerung einen ergreifenden Empfang. 25 000 Dresdner und Touristen säumten bereits am Freitag die Straßen, als der dunkelblaue Tieflader in feierlichem Schritttempo den Prozessionszug durch die Innenstadt begann. Kinder mit Blumen und kleinen Glöckchen in den Händen, 200 Kurrendesänger in schwarzen Mäntelchen und weißen Kragen sowie unzählige Familien folgten dem girlandengeschmückten Wagen unter dem Geläut benachbarter Kirchen. Am Neumarkt, vor der Baustelle der Frauenkirche, ließ die Glocke Maria, die einzige gerettete alte Glocke der Frauenkirchen von 1518, zum Empfang der sieben Schwestern ihre helle Stimme ertönen.

Dieses neue, insgesamt 163 600 Euro teure Geläut ist das stimmenreichste, das die Frauenkirche jemals besessen hat. Statt über vier verfügt es nun mit der noch aus der Zeit Martin Luthers erhalten gebliebenen „Maria" über acht Glocken. Deshalb ist es erstmals auf zwei der vier Seitentürme (Nordwestturm und Südwestturm) verteilt. Die Glockenstühle bestehen aus zehn Kubikmetern extra lange abgelagertem Eichenholz. Ebenfalls aus Eichenholz gearbeitete Joche werden per Linearantrieb mit Hilfe von Magneten in Schwingung versetzt.

Die Glocken sind eine Arbeit der 1725 gegründeten Glockengießerei Albert Bachert im schwäbischen Bad Friedrichshall (Baden-Württemberg), wo diese Kunst in siebter Generation ausgeübt wird. Mit den glei-

Der Prozessionswagen mit den sieben neuen Glocken wird vor der Frauenkirche geschmückt.

Glockenzier der Stadtglocke „Jeremia"

98

chen Materialien, die schon im Mittelalter Verwendung fanden: Ziegelsteine, Lehm, Stroh, Wachs und Rindertalg für Kern und Form sowie fünf Tonnen Bronze für den Guss der Glocken. Acht Wochen dauerte die Herstellung einer Glocke. Auch die Jahrtausendglocke für den Hamburger „Michel" kam von hier.

Bei dem prestigeträchtigen Auftrag war bei sechs Glocken sogar ein zweiter Anlauf nötig. Denn ein noch nie aufgetretenes Phänomen verdarb den Guss. Der wichtige Prinzipalton Prim – das Klanggerüst einer Glocke wird aus den Prinzipaltönen Prim, Terz, Quint sowie dem Ober- und Unterton gebildet – war zweimal zu hören. Ursache des Missklangs war die durch den Künstler Christoph Feuerstein aus Neckarsteinach detailreich plastisch ausgeformte Glockenzier. Für den Zweitguss, der traditionsgemäß an einem Freitag 15 Uhr zur Sterbestunde Jesu stattfand, reduzierte Feuerstein die Zier.

Die sieben silbern glänzenden Riesen mit ihren Schriftzügen sind in diesen Tagen für viele Menschen fassbares Moment der Hoffnung, dass die Frauenkirche bald ihre Pforten öffnen wird.

Drei Tage dauerten die Feiern. Auch das nächtliche Rezitieren von Friedrich Schillers „Glocke" durch Dresdner Schauspieler an den von Fackelschein in mystisches Licht getauchten Metallleibern gehörte dazu.

Am Sonntag wurden die sieben neuen Glocken unter Anwesenheit von rund 20 000 Menschen unter freiem Himmel auf dem Schlossplatz von Landesbischof Volker Kreß und Frauenkirchen-Pfarrer Stephan Fritz geweiht:

Haustechniker Stefan Heeren wartet das neue Geläut der Frauenkirche.

Der weltberühmte Dresdr er Kreuzchor unter Kantor Prof. Roderich Kreile begleitet die Glockenweihe mit seinem unverwechselbaren Gesang.

Friedensglocke „Jesaja" mit dem Bibelspruch „Sie werden ihre Schwerter zu Pflugscharen machen" (Gewicht 1750 Kilogramm, Südwestturm). Sie ist dem Propheten Jesaja gewidmet, aus dessen Prophetenbuch auch die Glockenaufschrift stammt.

Verkündigungsglocke „Johannes" mit dem Bibelspruch „Bereitet dem Herrn den Weg" (Gewicht 1220 Kilogramm, Nordwestturm). Sie ist Johannes dem Täufer gewidmet.

Stadtglocke „Jeremia" mit dem Bibelspruch „Suchet der Stadt Bestes" (Gewicht 815 Kilogramm, Nordwestturm). Sie ist dem Propheten Jeremia gewidmet.

Trauglocke „Josua" mit dem Bibelspruch „Ich und mein Haus wollen dem Herrn dienen" (Gewicht 580 Kilogramm, Nordwestturm). Sie ist dem Anführer des Volkes Israel auf dem letzten Teilstück aus der Wüste ins Gelobte Land gewidmet.

Gebetsglocke „David" mit dem Bibelspruch „Erhöre mein Gebet" (Gewicht 430 Kilogramm, Südwestturm). Sie ist dem israelischen König und Dichter David gewidmet, soll Bekenntnis der Verbindung von Christentum und Judentum sein.

Taufglocke „Philippus" mit dem Bibelspruch „Ein Herr, ein Glaube, eine Taufe" (Gewicht 350 Kilogramm, Südwestturm). Sie ist dem Diakon und Missionar Philippus gewidmet.

Landesbischof Volker Kreß weiht die neuen Glocken.

Dankglocke „Hanna" mit dem Bibelspruch „Mein Herz ist fröhlich in dem Herrn" (Gewicht 290 Kilogramm, Südwestturm). Sie ist der Mutter des Propheten Samuel aus dem Alten Testament gewidmet.

Zum Geläut der Frauenkirche gehört noch die **Gedächtnisglocke „Maria"** (Gewicht 328 Kilogramm, Nordwestturm). Jene uralte Glocke ist die einzige aus dem historischen Geläut und trägt eine lateinische Inschrift, deren deutsche Übersetzung lautet: „Sei gegrüßet, Maria, du mit Gnaden erfüllte. Der Herr ist mit dir, du Mutter der Barmherzigkeit. 1518. Jahr".

Bevor diese Bronzeglocke am 22. November 1998 am provisorischen Glockenjoch aus Eichenholz vor der Frauenkirch-Baustelle aufgehängt wurde, hatte sie eine bewegte Vergangenheit hinter sich. Vermutlich ist sie eine Arbeit des berühmten Stück- und Glockengießers Martin Hilliger aus Freiberg, der sie 1518 für das Hauptgeläut der Stiftskirche des Zisterzienserklosters Altzella goss. Nach der 1540 erfolgten Aufhebung des Klosters schenkte sie Kurfürst August von Sachsen (1526–1586) im Jahre 1557 der Frauenkirche. Hier rief sie mit Glocken aus dem 14. Jahrhundert, aus dem Jahre 1489 sowie einer von 1619 neu hinzugefügten die Christen zu Gottesdienst und Amtshandlungen. 1722 wegen Baufälligkeit des Turmes in einen Glockenstuhl zu ebener Erde gehängt, kam „Maria" 1734 in den Südwest-Seitenturm über Eingang C der barocken Frauenkirche, wo sie bis 1925 Dienst tat. Dann passte sie nicht mehr zu drei neu gegossenen Glocken und wurde an die evangelische Anstaltskirche der Landesanstalt Hubertusburg verkauft, 1940 in die Liste der unbedingt erhaltenswerten D-Glocken von hohem geschichtlichen oder

künstlerischen Wert aufgenommen. Somit entging sie dem Einschmel-
zen im Zweiten Weltkrieg, gelangte nach 1945 als Geschenk zur Kirchengemeinde Wermsdorf. 1960 kam „Maria" an die Kirchengemeinde Ditt-
mannsdorf und von dort nach 72 Jahren Abwesenheit wieder zur Frauenkirche.
Zusammen mit den neuen Glocken ließ sie am Vorabend des Pfingstfes-
tes, dem 7. Juni 2003, erstmals wieder ihre Stimme über Dresden ertönen.

Schnitt durch die Dresdner Frauenkirche. Sichtbar ist der Aufbau von Innen- sowie Hauptkuppel. Letztere besteht aus Innen- und Außenschale. Zwischen beiden befindet sich ein Wendelgang.

Das hölzerne Lehrgerüst für die Innenschale der Hauptkuppel.

Die Kuppel aus 3355 Sandsteinen

266 Jahre nach Vollendung der „Steinernen Glocke" und 58 Jahre nach ihrer Zerstörung fielen im August 2003 die Hüllen der Kuppel. Acht Jahre dauerte der Wiederaufbau, nun erstrahlte der Sandstein im Sonnenlicht honigfarben über der Stadt, kündete vom Abschluss der wohl schwierigsten Bauphase des Gotteshauses.

George Bähr hatte für den Bau der zweischaligen Außenkuppel zwei Jahre benötigt. Rund 40 Maurer, zwölf Zimmerleute und zehn Kupferklempner schafften es Anfang des 21. Jahrhunderts in rund 13 Monaten, obwohl die Jahrtausendflut im August 2002 für Stromausfall und Verzögerungen sorgte, sogar den Hub des Wetterschutzdaches gefährdete.

Im Zwei-Schicht-System fügten sie die bis zu einer Tonne schweren Deckenplatten zur äußeren Kuppelschale zusammen, nutzten 25 Kilogramm schwere Sandsteine für die Hintermauerung. Dazu bauten Zimmerleute und Gerüstbauer ein Lehrgerüst. Für dessen geschwungene Schalung wurden rund 35 Kubikmeter Holz benötigt.

Am 1. Juli 2003 waren dann 3355 neue äußere Sandsteine (zuzüglich etwa 190 000 für die Hintermauerung) mit höchster Präzision versetzt, drei Kilometer Fugen mit Mörtel versehen. Die 8300 Tonnen schwere Hauptkuppel (Höhe 25 Meter, Durchmesser unten 26 Meter, Durchmesser oben 11,40 Meter, Gewicht mit Kuppelanlauf 13 000 Tonnen) hatte ihre wunderschöne Glockenform wieder. Statiker wie Professor Wolfram Jäger aus Radebeul und Fritz Wenzel aus Karlsruhe unternahmen alles, damit Risse und Absenkungen künftig nicht mehr auftreten. George

Bähr legte vier Ringanker aus Einzelelementen von etwa 3,20 Meter Länge (Querschnitt der Vierkantstäbe 40 x 40 bis 90 x 50 Millimeter) um die Kuppel. An den Enden waren Augen angeschmiedet, in die ein Keil eingeschlagen wurde. Heute halten acht 12 x 4 Zentimeter dicke und je 78 Meter lange Spannanker die Kuppel wie ein Korsett zusammen.

Sonst hielten sich die Architekten weitgehend an die Vorgaben George Bährs: Der gekrümmte Kuppelteil ruht auf einem etwa 11 Meter hohen Tambourzylinder (Außendurchmesser 26 Meter), der die Hauptlasten trägt. Die Außenschale der Hauptkuppel ist 1,30–1,50 Meter stark (1,10–1,40 Meter dicke Hintermauerung und 15–25 Zentimeter starke Vormauerung). Im Tambour-Bereich sogar 1,90 Meter mächtig. 25–27 Zentimeter mächtig ist die innere Kuppelschale. Etwa 60 Zentimeter starke Rippen und Querwände (Abstand 3–4,20 Meter), die radial angeordnet sind, verbinden die innere und äußere Kuppelschale. Zwischen beiden Wandungen windet sich eine schneckenförmige Rampe zur Laterne.

Bereits am 29. Juni 2001 hatte man den letzten Stein des oberen Druckringes der flach geneigten inneren Kuppel versetzt. Mit dem Druckring war die kreisrunde Öffnung, die Kirch- und Hauptkuppelraum verbindet, fertig gestellt. Durch die Öffnung flutet das Licht und die Musik in den Kirchenraum.

Die innere Kuppel, die sich im oberen Bereich in tragende Sandsteinrippen und dazwischenliegendes Mauerwerk auflöst, ist an der Unterseite verputzt. Darauf führt der Dresdner Kunstmaler Christoph Wetzel in alter Pracht acht Gemälde vor je vier Evangelisten und Tugenden aus. Der anerkannte Porträt- und Staffagemaler mischt die Farben nach alter Tradition:

April 2001: Neben der Innenkuppel wird bereits am Kuppelanlauf für die Haupt-kuppel gearbeitet.

Solch mächtige Ringanker unterstützen die Statik der zweischaligen Außenkuppel.

mit 1000 Eiern als Bindemittel für die Farbpigmente, gemischt mit Lein-
ölfirnis und Nelkenöl.

1734 schuf der in Venedig geborene und 1724 nach Dresden gekommene
Hofmaler Giovanni Battista Grone (1682–1748) diese spätbarocken Kunst-
werke als architektonisch-farbigen Ausklang des Kirchenraumes. Alternie-
rend mit den Evangelisten Lucas (nebst Stier), Matthäus (mit Engel), Marcus
(mit Löwe) und Johannes (mit Adler) malte Grone die Tugenden Glaube (Fi-
des), Nächstenliebe (Caritas), Hoffnung (Spes) sowie Barmherzigkeit (Mi-
sericordia) auf den frischen Putz. Seine monumentale Malerei – eigentlich
war Grone ein katholischer Theatermaler – hatte man während der Renovie-
rung von 1868 hellgrau übertüncht. Erst 1929 begannen Restauratoren,
den Innenraum der Kirche von Übermalungen zu befreien. Beim heutigen
archäologischen Wiederaufbau bekommt der Innenraum seine barocke
Farbigkeit wieder. Dazu gaben Untersuchungen am Altar und Rechnungs-
belege aus der Zeit von 1732 und 1740 Hinweise.

Rekonstruktionen der barocken Polychromie gehen von einem hellen, hei-
teren Zusammenklang der Farben Ocker, Rosa und Grau aus. Rahmungen
sowie Profile sind in Weiß und Grau gehalten. Ausstattungsstücke erhalten
darüber hinaus Gold- und Silberakzente. Touristen können wieder die Farbigkeit der Frauenkirche bewundern und über den schneckenförmigen
Rundgang zwischen innerer und äußerer Kuppel auf die Aussichtsplattform
in 68 Meter Höhe gelangen. Hier erwartet sie der prächtige Blick auf das
Elbtal: von den Türmen des Meißner Domes bis zum König- und Lilienstein,
von der Siemens-Chip-Fabrik bis zur Babisnauer Pappel. Schon Johann
Wolfgang von Goethe beobachtete hier, von der Kur aus Karlsbad kom-
mend, am 11. August 1813 den Sonnenuntergang.

Die ersten Kuppelgemälde erstrahlen bereits wieder in alter Pracht.

Blick ins Innere der Frauenkirche. Die Ausmalung der Emporen ist fast beendet.

Diplom-Restaurator Wolfgang Benndorf bei Vergoldungsarbeiten am Altar.

Der Ölberg–Altar entsteht in alter Pracht

Dresdens gewaltiger Frauenkirchen-Bau mit seinen einst 4000 Sitzplätzen gliedert sich auch heute in das durch einen Kreuzgang geteilte Kirchenschiff, die 48 Betstübchen im Erd- und Zwischengeschoss, die drei Emporen und den Altarraum. Vom Hauptportal D aus hat man den besten Blick in das Kircheninnere. Direkt gegenüber liegt der Altar.

Nur wenigen Eingeweihten war bekannt, dass seine Reste seit 1953 hinter einer notdürftig aus Ziegeln zusammengefügten Schutzmauer ruhten. Als nach dem 13. Februar 1945 die Kirche ausbrannte, stürzten verkohlte Holzteile der Orgelempore und des Orgelprospekts vor den Altar. So federten sie die Wucht herabfallender Kuppelteile ab und bewahrten damit das Kleinod vor totaler Vernichtung.

Während der archäologischen Enttrümmerung wurde 1993 die Schutzmauer abgebrochen und viele verblüffende Details kamen ans Tageslicht. Im Gesicht der Christusfigur waren unter den Augen schwarze Tränen zu sehen – von den geschmolzenen Orgelpfeifen herabgetropftes Blei. Die biblische Geschichte der Ölbergszene hatte mit erstaunlicher Farbfrische unter dem Schutt überlebt. Auch Trauben und Ähren sowie drei der vier kannelierten Säulen zeigten sich in einem recht passablen Zustand. Sogar die aufgeschlagene Bibel lag auf dem Altartisch, wenn auch völlig verkohlt. Der besonders für Bildhauerarbeiten geeignete Cottaer Sandstein, vermutlich aus Brüchen um Neundorf-Rottwerndorf in der Sächsischen Schweiz stammend, wies neben zahlreichen Rissen eine rötliche Verfärbung auf, Folge einer chemischen

Historische Gesamtübersicht des Frauenkirch-Altars von Johann Christian Feige

Reaktion des im Stein gebundenen Rot- und Brauneisens, die bei etwa 380 Grad eintritt.

Rund 2000 geborgene Einzelteile gaben Hoffnung, dass sich große Stücke des Altars aus Originalsteinen wiederherstellen lassen. Die Reste wurden an Ort und Stelle mit Sicherungsgurten fixiert, mit Edelstählen vernadelt, mit mineralischem Mörtel vergossen oder anderweitig notgesichert.

1995 begannen am zwölf Meter hohen und fast zehn Meter breiten Altarfragment Untersuchungen durch die Dresdner Restauratoren-Gemeinschaft Benndorf und Walther. Das Dresdner Büro für Denkmalpflege und Altbausanierung Dr. Heidelmann und Partner plante die Sicherungsarbeiten und führte diese aus. Danach begann die eigentliche Arbeit der Restauratoren.

Ganz heil, so bestimmte es der Denkmalschutz, soll der Altar nicht wieder werden. Spuren der Zerstörung bleiben. Bruchstellen und Klammern verheimlichen nicht, dass dieses Wunderwerk des Barock durch eine Katastrophe gegangen sein muss.

1733 hatte es zu dem Altar einen Künstler-Wettbewerb gegeben. Drei sächsische Bildhauer – Benjamin Thomae, Daniel Eberhardt und Johann Christian Feige – traten mit ihren Modellen an. George Bähr entschied sich für den aus Zeitz stammenden Feige. Am 1. Dezember 1733 beschloss der Dresdner Stadtrat dann, dass der Altar „die Historie von Christio am Oehlberge" darstellen soll. Bis 1739 arbeitete Feige für 3800 Taler Honorar mit seinen Gehilfen an dem die innere Frauenkirche so prägenden Kunstwerk von einzigartiger Schönheit. Der Orgel dient es als Unterbau: Über vier Säulen legen sich in altchristlicher Symbolik Ranken von Ähren und Weintrauben, deren Enden von schwebenden Engeln gehalten werden. In der Mitte kniet auf einem Hügel des Gartens Gethsemane der Heiland. Ein Engel im Sturzflug kommt als stärkender Bote Gottes zu ihm. Rechts erblickt man die schlafenden Jünger Petrus, Jakobus und Johannes. Den Hintergrund bilden die Stadt Jerusalem und der Garten, durch dessen Pforte Judas mit den Häschern eindringt. Über dem Ganzen schwebt eine große vergoldete Strahlenglorie mit drei Seraphinköpfchen und dem Auge Gottes als Mittelpunkt. Darunter befindet sich ein das Kreuz tragender Engel. Zu beiden Seiten des Altars stehen zwei Apostelfiguren. Links Paulus mit dem Schwert und Moses mit den Gesetzestafeln. Beide sind Philippus mit dem Kreuz als Vertreter des neuen Testaments und Aron, dem ersten Hohepriester des alten Testaments mit den Räuchergefäßen, gegenübergestellt.

Auf den seitlichen Giebelausschwüngen des Orgelprospekts sitzen zwei Engel. Der eine bläst Posaune, der andere hält sie in der Hand. In der mittleren Kartusche mit den Buchstaben „S D G" (für Soli Deo Gloria) wird auf die Verherrlichung Gottes verwiesen. Drei als Flachrelief gearbeitete Figuren stellen Glaube, Liebe, Hoffnung dar und umgeben die über dem Altartisch angebrachte lateinische Weiheschrift. Diese lautet in deutscher Übersetzung: „Christus dem Fürsprecher gelobt Treue, erklärt Liebe, weiht Hoffnung, ihm alles dankend, Senat und Volk von Dresden."

Dutzende Restauratoren, Steinmetze und Bildhauer vollbrachten in Engelsgeduld das Kunststück, den Altar mit Gießharz, Meißel und Giosform wieder zusammenzufügen. Unter ihnen auch Vinzenz Wanitschke. In einer katholischen Familie im Adlergebirge aufgewachsen, wurde der Sudetendeutsche aus seiner Heimatstadt Deschnei vertrieben und kam

*Die lebens-
große Gips-
figur des
tröstenden
Engels ent-
stand nach
einer alten
Fotografie
wieder.*

nach Dresden. Von dem akademischen Bildhauer stammen zahlreiche Bronzeskulpturen, Brunnen und Denkmale. In Dresden das Planeten-Monument auf der Brühlschen Terrasse oder der Sarrasani-Gedenkstein am Carolaplatz. „Ich war skeptisch", bekennt Wanitschke, „als der Wiederaufbau begann. Der Trümmerhaufen war für mich ein Anti-Kriegs-Mahnmal von nicht zu überbietender Wirkung." Doch als er den Bau wachsen sah, wurde auch er von einer unbändigen Leidenschaft für die Kirche ergriffen. Er hatte gerade für das Dresdner Residenzschloss Adam und Eva als Säulenreliefs geformt, als Denkmalschützer bei hm anfragten. Er sollte jene Altarteile neu schaffen, die komplett zerstört waren: drei Engel, darunter den alles bestimmenden Engel der Ölbergszene nach Lukas 22,43. Dazu die vier Meter breite Gloriole über dem Altar. Nur ein verblasstes Foto von 1933 konnte Wanitschke helfen. Den Verkündigungsengel über dem Ölberg modellierte er 20 Wochen lang gleich in der Kirche: „Eine Maßarbeit. Denn nach jedem Handgriff kletterte ich vom Altar-Gerüst hinunter ins Kirchenschiff. Dort prüfte ich aus der Entfernung, die etwa der Position des Fotografen von 1933 entsprach, meine Figur. Sie musste ja wieder jene Drehung bekommen, die sie von unten schwebend erscheinen lässt."

Bei der riesigen Gloriole, die in vier Teilen aufwändig im Atelier entstand, half ihm eine alte Rechnung aus dem Kirchenarchiv: „... verschiedene Materialien mit 14 Engelsköpfen", hieß es da. Mit Blattgold verziert und mit dem äußeren Strahlenkranz versehen, wird das Auge Gottes wieder über dem Altar prangen, von der Genialität des Barockbildhauers Johann Christian Feige und der Kunst eines Vinzenz Wanitschke künden.

121

Ein Baudirektor und sein Lebenswerk

Ein gemütlicher 1,90-Meter-Hühne mit Schnauzer und dem gelockten Haar eines Künstlers lebt für die Mission des 126 Millionen Euro teuren Wiederaufbaus des Gotteshauses: Kirchenbau-Direktor Dipl.-Ing. Eberhard Burger! Der Dresdner ist der Kopf, der hinter dem Gewirr von Baugerüsten und dem Schleier von Planen an der Dresdner Frauenkirche durchsieht, nach dessen Pfeife zweihundert Steinmetze, Zimmerleute, Bildhauer sowie 35 Architekten und Ingenieure tanzen.

Der Protestant Burger ist der Enkel eines Dresdner Kantors. Er studierte konstruktiven Ingenieurbau an der Technischen Universität Dresden, baute am Kernkraftwerk Lubmin mit, war Technik-Chef eines Kombinats. 1980 machte ihm die sächsische Landeskirche das Angebot, die technische Umsetzung des eben aufgelegten Kirchen-Neubauprogramms zu übernehmen. Burger baute 25 Gemeindezentren und die Dresdner Dreikönigskirche auf und wirkte am Zwickauer Dom mit. Aus der DDR ausreisen – das kam für den bodenständigen Sachsen nie in Frage. Dafür blieb Sohn Sebastian, Sänger im Dresdner Kreuzchor, 1986 während einer Chorreise zur Essener Villa Hügel in der Bundesrepublik. Der Vater: „Drei Jahre vor der Wende hat mich das damals umgehauen …" Inzwischen ist der Sprössling selbst Architekt, holt sich beim Vater manchmal guten Rat.

Als Anfang 1990 der „Ruf aus Dresden" publiziert wurde, gab es innerhalb der Kirche noch Widerstände. Dennoch, Eberhard Burger begann mit ersten Vorbereitungen für den Bau der Frauenkirche. Zur Wahl des

Direktors für den Wiederaufbau 1992 war der 48-Jährige dann der ideale Kandidat. Mit einem nur vierköpfigen Baustab stand er damals vor 22 000 Kubikmeter Trümmern, leitet seitdem aus einem Büro im Wellblechcontainer am Fuße der Kirche den Jahrhundertbau. An der Wand hängt die große Schnittzeichnung, auf der präzise zu erkennen ist, was in den kommenden Wochen und Monaten noch zu tun bleibt. Hier empfängt er die IPRO-Architekten mit ihren riesigen zusammengerollten Lichtpausen, ebenso Sponsoren, Politiker, gekrönte Staatshäupter, Journalisten-Teams aus aller Welt, berät über Kirchenbänke und Stühle, Dach-Kupfer, Mörtel, Flammenvasen … Jeder Stein, jeder Pinselstrich wurde und wird hier durchdacht.

Manches muss er anders, besser und moderner als sein Vorgänger machen und dabei auch barscher Kritik standhalten. Denn manches scheint dem archäologischen Wiederaufbau nicht zu entsprechen: zum Beispiel die Warmluftheizung, die Notstromversorgung, der Aufzug zur Hauptkuppel, die Druckspannung der Kuppel, die Wasserrinne, die verhindert, dass Regen in den Innenraum rinnt …

Oft steht der Bau vor kompliziertesten Situationen, die Burgers ganze Entschlusskraft, sein nüchternes Abwägen erfordern. Wie zur Jahrtausendflut im Sommer 2002. Eine Woche lang standen Wassermassen im Gewölbe der Unterkirche – 40 Zentimeter hoch. Doch die Pumpen schafften es, dass nur klares Grundwasser und kein schmutziges Elbwasser eindringen konnte.

Bescheiden sagt Burger: „Architekt ist hier nach wie vor George Bähr, modernisiert durch das Planungsbüro, ergänzt durch die Berechnungen der Ingenieurgemeinschaft."

Das Spendenwunder von Dresden

Noch nie vereinte ein Gotteshaus so viele Menschen, wurde solch riesige Welle der Hilfsbereitschaft wie beim Wiederaufbau der Dresdner Frauenkirche ausgelöst. Das Spendenwunder von Dresden hat sogar die Opferaktion für die Vollendung des Kölner Doms im 19. Jahrhundert längst in den Schatten gestellt. Als größtes, überwiegend durch Spenden finanziertes Bauwerk wird die Frauenkirche in die deutsche Geschichte eingehen. Rund 131 Millionen Euro betragen die Nettobaukosten. Schon über eine Million Spender beteiligten sich bis heute mit Beträgen zwischen 2 Euro und 2,5 Millionen Euro daran.

Am 28. Juni 1994 hatten der Freistaat Sachsen, die Stadt Dresden und die Evangelisch-Lutherische Landeskirche Sachsen die Stiftung Frauenkirche ins Leben gerufen und zu gleichen Teilen mit einem Kapital von neun Millionen Mark ausgestattet. Die Stiftung als Bauherr und Erbbauberechtigter des Grundstücks, das die Kirche einbrachte, darf ihr Vermögen nicht antasten. Lediglich Zinserträge stehen zur Verfügung.

An öffentlichen Mitteln steuerten die Bundesregierung 45 Millionen Mark vom Erlös der Herausgabe einer 10-DM-Gedenkmünze (Auflage 7,45 Millionen Stück), der Freistaat 30 Millionen Mark sowie die Stadt Dresden 25 Millionen Mark bei.

„Die restliche Bausumme", versichert der langjährige Finanzdirektor der Frauenkirchen-Stiftung Dr. Heinz Wissenbach, „finanziert sich ausschließlich durch Spenden."

Bei Geburtstagen, auf Gartenfesten, bei Firmen-Jubiläen, anlässlich

Die Familien der Steinmetze genießen als erste Besucher den Blick von der Laterne der Frauenkirche über das Elbtal.

von Trauerfällen, in Kirchgemeinden, Vereinen, Schulen, ja sogar in Hortgruppen wird für die Frauenkirche gesammelt.

Heute beläuft sich der durch die grandiose Stifterbrief-Aktion der Dresdner Bank eingeworbene Geld-Segen auf 58 Millionen Euro. Die Aktion, in der u. a. per Stifterbrief in Platin für 10 000 Euro einer der 1833 Sitzplätze und per goldenem Stifterbrief für 1500 Euro einer der 25 000 Werksteine symbolisch adoptiert werden kann, initiierte das langjährige Vorstandsmitglied der einst hier gegründeten Dresdner Bank Bernhard Walter. Seit 1995 fungiert dieser als Vorsitzender der Stiftung zum Wiederaufbau der Dresdner Frauenkirche.

Das ZDF überwies mit Hilfe verschiedener Fernsehsendungen gesammelte Spenden in Höhe von 5 Millionen Euro. 420 000 durch die Dresdner Stadtsparkasse verkaufte Frauenkirchen-Uhren erbrachten über 5,2 Millionen Euro, die Losbrief-Geldlotterie über 500 000 Euro. An originellen Spenden-Ideen mangelt es nicht: So kreierte Juwelier Georg Leicht ein auf 12 Exemplare limitiertes „Fabergé-Ei" mit einer originalgetreuen Miniatur der Frauenkirche. Von den 15 500 Euro Kaufpreis bekommt das Gotteshaus je 4000 Euro. Die Gemahlin von Sachsens Alt-Ministerpräsident, Ingrid Biedenkopf, entwarf extra Frauenkirchen-Seidenschals. Jeder kann mit dem Kauf von miniaturisierten Turmkreuzen, der Frauenkirche aus Porzellan, Backwerk, Kerzen, Büchern, Fotografien, Gemälden, CDs oder Uhren sein Scherflein beitragen. Dutzende Benefizkonzerte in Europa und den USA unterstützen den Bau. Ein herausragendes Engagement zeigt seit Anbeginn der Dresdner Trompeter und Vorsitzende der Gesellschaft zur Förderung des Wiederaufbaus Ludwig Güttler mit seinen Wiederaufbaukonzerten, für die er als Solist und Dirigent auf Honorar verzichtet.

Wichtiger Motor bei der Spendenbeschaffung ist diese am 31. August 1990 gegründete Gesellschaft zur Förderung des Wiederaufbaus der Frauenkirche Dresden e.V. Im Sommer 2003 zählte sie 6700 Mitglieder in 23 Staaten der Erde. Zusammen mit den Freunden von 21 deutschen (Altena – Iserlohn u. Umgebung, Bad Elster, Bad Kreuznach, Bad Salzufen, Borken, Buchen, Celle, Darmstadt/Mühltal, Dresden – Studenteninitiative u. ZM Zahnärzte-Stifterclub, Gedern, Hamburg, Köln-Düsseldorf, Ladbergen, Lippstadt-Soest, München, Oldenburg, Bremen u. Umgebung, Osnabrück, Remagen-Oberwinter, Schalksmühle/Sauerland, Warendorf) und vier ausländischen Frauenkirchen-Förderkreisen (Association Frauenkirche Paris, Friends of Dresden, The Dresden Trust, Verein Schweizer Freunde) betrug die Zahl der Aktiven sogar etwa 13 000. Allein die „Freunde der Dresdner Frauenkirche in München e. V." spendeten in neun Jahren rund 1,5 Millionen Euro.

Die Nachricht von der Spende eines Nobelpreisträgers ging um die Welt: der gebürtige Deutsche Günter Blobel erhielt 1999 für seine Entdeckungen in der Zellforschung den Nobelpreis für Medizin. Er hatte den Mechanismus gefunden, mit dessen Hilfe Proteine (Eiweiße) in den Körperzellen ihr Ziel finden. Seine Arbeiten an der Rockefeller-Universität New York lassen hoffen, dass man Krankheiten wie Nierensteine bei Kindern oder Zystische Fibrose künftig besser heilen kann. Das gesamte Preisgeld, 1,85 Millionen DM, spendete er. 1,6 Millionen der Frauenkirche, 100 000 Mark dem Dresdner Synagogen-Neubau, den Rest kleineren Projekten in Deutschland und Italien. Als Grund nannte er das schlichteste aller edlen Motive: „Ich fühlte mich dazu verpflichtet." 1994 gründete Blobel bereits die Friends of Dresden, deren Präsident er ist.

Chronik der Frauenkirchen von 1000 bis heute

um 1000	Älteste Frauenkirche aus Holz nahe des 1004 erstmals erwähnten Hafens „Nisani" erbaut. Vermutlich die erste Missionskirche für christianisierte Slawen des Gaues Nissan. Sie stand vermutlich, wie die Nachfolgebauten, etwa am gleichen Platz wie die heutige Frauenkirche.
um 1060	Frauenkirche wird zur Pfarrkirche mit Tauf- und Bestattungsrecht für die Stadt und über 30 Dörfer des ottonischen Burgwards „Buistrizi" erhoben.
nach 1150	Bau der romanischen Basilika „St. Marien" von 21 Meter Breite mit 1,04 Meter dicken Mauern aus Plänerplatten, die in Lehm verlegt waren.
1206	Erste urkundliche Erwähnung von Dresden (1270 etwa 4000 Bewohner).
1240	Der Pfarrer der Parochie Dresden taucht als Zeuge in einer Urkunde des Markgrafen Heinrich der Erlauchte (1215–1288) auf. Gilt als erstes urkundliches Indiz für die Frauenkirche.
1289	Erstmals die Bezeichnung Frauenkirche in einer Urkunde. Sie bestätigt dem Klarissenkloster Seußlitz das Patronatsrecht
um 1380	Gotische Hallenkirche „Unser Lieben Frauen" von 25,50 Meter Breite und 23 Meter Länge wird, vermutlich bei laufendem Gottesdienst, glockenförmig um die alte romanische Kirche errichtet (Kirchweihe wohl 1388).

1464	Dresden wird unter Albrecht dem Beherzten (1443–1500) Residenz der Wettiner.
1517	Thesenanschlag Martin Luthers (1483–1546) löst die Reformation aus.
1539	Unter Herzog Heinrich dem Frommen (1473–1541) wird die Reformation zum Pfingstfest am 25. Mai 1539 im albertinischen Sachsen eingeführt.
1550	Eingemeindung der bisher außerhalb der Stadtmauern gelegenen Frauenkirche.
nach 1565	Angesehene Familien lassen sich in Grufthäusern (Erbbegräbnissen) an der Kirchenwand oder entlang der Friedhofsmauer bestatten.
1666	15. März: In Fürstenwalde bei Lauenstein am Erzgebirgskamm wird George Bähr geboren.
1670	12. Mai: Geburt des Wettiners Friedrich August, der als Kurfürst Friedrich August I. von Sachsen (Regierungsantritt 24. April 1694) zu den glanzvollsten Gestalten sächsischer Herrscher zählte und den Beinamen August der Starke erhielt.
1697	Friedrich August I. von Sachsen konvertiert zum Katholizismus, wird als August II. König von Polen. Seine Nachfahren behalten den Katholizismus bis heute bei. Den Untertanen in Sachsen wird per Dekret die Ausübung der evangelischen Religion erlaubt.
1705	20. Oktober: Vereidigung George Bährs als Ratszimmermeister der Stadt Dresden.

1714	August der Starke drängt zwecks Aufwertung der Innenstadt zwischen Stallhof und Zeughaus auf Beseitigung des Frauenkirchhofs und einen Kirchenneubau.
1722	Wegen Einsturzgefahr der baufälligen Kirche Einstellung des Glockenläutens. Der Turm der Frauenkirche wird abgetragen, das Rippengewölbe im Chor entfernt.
1723	Beräumung des alten Friedhofs, Abbruch der Grufthäuser. 30. November: Der Kostenvoranschlag von George Bähr und Ratsmaurermeister Johann Gottfried Fehre beläuft sich auf 103 075 Taler, 3 Groschen und 3 Pfennige Neubaukosten.
1724/25	Erstes Projekt George Bährs: oktogonale Kirche, kupfergedeckte Holzkuppel. Mehrere Jahre lang wurde es verändert und erweitert.
1726	26. August: Feierliche Grundsteinlegung der Frauenkirche (der Grundstein wurde auch beim Wiederaufbau im 20./21. Jahrhundert an seinem Platz im Fundament des Choranbaus belassen).
1727	9. Februar: Letzter Gottesdienst in der alten Frauenkirche, danach Abbruch. In diesem Jahr beschließt George Bähr, die Kuppel in Stein auszuführen, lässt Mauern und Kuppelpfeiler in viel größerer Stärke bauen.
1728	28. September: Um Geld für Kupfer zu sparen, wird von den beteiligten Baugewerken die Ausführung des Kuppelhalses in Stein empfohlen.

1729	20. Oktober: Der Rat der Stadt fasst den Beschluss, die Kuppel aus Stein zu errichten. Nachdem Ratsmaurermeister Fehre später seinen Einspruch geltend macht, wird der Beschluss jedoch wieder aufgehoben. Kirche bis zum Hauptgesims errichtet.
1732	Innenausbau beginnt. Kuppelbau wird bis zur Klärung aller Probleme verschoben. Im Herbst erhält Gottfried Silbermann (1683–1753) den Auftrag für eine Orgel mit drei Manualen und 41 Registern über dem Altar (Weihe am 25. November 1736, für 4 700 Taler mit Prospekt von George Bähr vollendet).
1733	1. Februar: Tod Augusts des Starken in Warschau. 3. Juni: Kurfürst Friedrich August II. (1696–1763) verwendet eine Kollekte (28 366 Taler) für die Weiterführung des Kirchenbaus, die ursprünglich den aus Salzburg vertriebenen Protestanten zugute kommen sollte. 1. Dezember: Rat legt als Altarbild die Geschichte Christi am Ölberg fest. Die Arbeit wird von Bildhauer Johann Christian Feige (1689–1751) für 3800 Taler ausgeführt.
1734	28. Februar: Erster Gottesdienst mit Prediger Valentin Ernst Löscher (1671–1749). Hof- und Theatermaler Giovanni Battista Grone (1682–1748) malt die Fresken in der Kuppel der Frauenkirche (spätbarocke Darstellung der vier Evangelisten Lucas, Matthäus, Marcus und Johannes sowie der vier Tugenden Glaube, Liebe, Hoffnung und Barmherzigkeit).

1736	1. Dezember: Anlässlich seiner Ernennung zum Hof-komponisten spielt Johann Sebastian Bach (1685–1750) auf der gerade geweihten Orgel.
1738	16. März: Tod George Bährs an Auszehrung und Stick-fluss. Bestattung auf dem Johannisfriedhof am 20. März.
1743	27. Mai: Der etwa 150 Zentimeter große Turmknopf und das 280 Zentimeter große Kreuz mit Strahlenkranz aus Kupfer werden aufgesetzt. Die 12 000 Tonnen schwere Sandstein-Kuppel – einzigartig in Europa – war von Johann Georg Schmidt und Johann Gottfried Feh-re fertig gestellt worden. Schon bald kam es zu Rissen.
1760	19. Juli: Die Kuppel übersteht das gezielte preußische Bombardement während der Belagerung im Siebenjäh-rigen Krieg (1756–1763).
1768	März: Johann Wolfgang von Goethe (1749–1832) be-steigt die Kuppel der Frauenkirche. Vom 11. August 1813 ist eine zweite Turmbesteigung des Dichterfürsten überliefert.
1857	Letzte von 244 Bestattungen in den Katakomben nach-weisbar.
1859	George Bährs Urne und Grabmal werden vom Johannis-friedhof in die Katakomben der Frauenkirche überführt.
1868	Komplette Renovierung des Innenraumes.
bis 1892	Kuppel-Reparatur mit Zement.
1903/04	Erneuerung morscher Pfeilersteine, die nach einem Blitzschlag entdeckt wurden.

bis 1930	Erneuerung schadhafter Steine an der äußeren Hülle, nachdem zentnerschwere Brocken von der Kuppel stürzten, die Kirche baupolizeilich gesperrt werden musste.
1934	13. Oktober: Frauenkirche erhält die Bezeichnung „Dom zu Dresden".
1938	Juni: Zweite bauaufsichtliche Sperrung.
bis 1942	Generalsanierung unter Architekt Arno Kiesling (1889–1963), dessen Bauunterlagen den Angriff überstanden. Zur Erhöhung der Sicherheit der Kuppel werden Ringanker aus Stahlbeton eingezogen. Hauptorgel mit elektrischem Zentralspieltisch durch zwei Fernorgeln und eine Chororgel erweitert. 29. November: Weihegottesdienst.
1945	15. Februar: Stundenlanger Brand mit Temperaturen zwischen 800 und 1000 Grad im Inneren des Domes zermürbt den Sandstein, lässt gegen 10.15 Uhr die Kirche bersten, die nur scheinbar alle alliierten Bombardements vom 13. und 14. Februar (mindestens 35 000 Tote, 15 Quadratkilometer Trümmerfläche) überstanden hatte. Archivmaterial und anderes Kulturgut werden aus den Kellergewölben geborgen.
bis 1949	Bergung von 865 Steinen (600 Kubikmeter).
1952	Schutzummauerung für die Reste des Altars.
1966	5. Mai: Der Rat der Stadt beschließt, die Trümmer als Mahnmal an die Zerstörung der Stadt vom 13./14. Februar 1945 zu erhalten.

1967	Gedenktafel mit historischen Eckdaten des Kirchenbaus wird am Treppenturm E angebracht.
seit 1982	Jeweils am 13. Februar stiller Protest der kirchlichen Friedensbewegung durch Aufstellen von Kerzen an der Frauenkirchenruine.
1989	19. Dezember: Rede von Bundeskanzler Helmut Kohl vor dem Trümmerberg.
1990	13. Februar: „Ruf aus Dresden" wirbt anlässlich des 45. Jahrestages ihrer Zerstörung für den Wiederaufbau der Frauenkirche.
	31. August: Gründung der Gesellschaft zur Förderung des Wiederaufbaus der Frauenkirche Dresden e.V.
1991	28. März: Synode der Evangelisch-Lutherischen Landeskirche Sachsen stimmt Wiederaufbau zu.
	23. November: Stiftung Frauenkirche e.V. als Bauherr des Wiederaufbaus gegründet.
1992	20. Februar: Stadtverordnetenversammlung der Stadt Dresden unter Oberbürgermeister Dr. Herbert Wagner stimmt Wiederaufbau zu.
1993	4. Januar: Start der archäologischen Enttrümmerung der Kirchenruine.
	27. Mai: Erteilung der Baugenehmigung für den Wiederaufbau durch die Stadt Dresden.
	1. Juni: Bergung des Turmkreuzes.
	23. Dezember: Erste Weihnachtsvesper nach 45 Jahren mit 50 000 Besuchern.

1994	11. Mai: Grabmal und Urne mit der Asche George Bährs gefunden. 24. Mai: Abschluss der Abtragung der Enttrümmerung des 13 Meter hohen und 22 400 Kubikmeter umfassenden Trümmerberges (Ausdehnung 71 x 74 Meter). 7244 Außenfassadensteine und 87 000 Hintermauerungssteine sind geborgen, katalogisiert, zur weiteren Bearbeitung in Regalen gestapelt. 27. Mai: Wiederaufbau beginnt mit Versetzen des untersten Steines des rechten Türgewändes vom Südost-Eingang A. 28. Juni: Die Stifter Freistaat Sachsen, Evangelisch-Lutherische Landeskirche Sachsen und Stadt Dresden errichten die öffentliche Stiftung Frauenkirche Dresden (diese ersetzt die Stiftung e.V.).
1995	März: Die Dresdner Bank startet die „Stifterbrief"-Aktion. 3. Mai: Das Bundesfinanzministerium bringt eine 10-DM-Gedenkmünze heraus (Auflage 7,45 Millionen Stück, Gewinn für die Frauenkirche 45 Millionen DM). August: Beendigung der Rettungsgrabungen an alten Begräbnisstätten rund um die Frauenkirche. Das 2850 Quadratmeter große Wetterschutzdach (300 Tonnen schwer), das fortan mit der Kirche mitwächst, wird errichtet.
1996	21. August: Weihe der Unterkirche der Frauenkirche in den früheren Katakomben.

1997	15. Juli: Beginn der Arbeiten an den sechs Regel- und zwei Chorpfeilern (mit 42. Schicht je 21,40 Meter hoch). Die Arbeiten werden 1999 beendet. August: Erste Hebung des Wetterschutzdaches um 10,50 Meter.
1998	Juli: Zweite Hebung des Wetterschutzdaches auf 33,50 Meter.
2000	13. Februar: Prinz Edward, Herzog von Kent, übergibt das in Großbritannien vom „Dresden Trust" in Auftrag gegebene Kuppelkreuz (4,60 Meter hoch). Mai: Dritte Hebung des Wetterschutzdaches auf 45 Meter. August: Schließung des etwa 49 Meter hohen Chorgewölbes über dem Altarraum. 22. Juni: Der in New York lebende Zellforscher Professor Günter Blobel übergibt von seinem Preisgeld als Nobelpreisträger 1,6 Millionen DM an die Stiftung Frauenkirche. 1. Dezember: Der erste Gottesdienst im Hauptraum nach 55 Jahren wird von Landesbischof Volker Kreß und Frauenkirchen-Pfarrer Stephan Fritz zelebriert.
2001	10. August: Hebung des 95 Tonnen schweren „Schmetterlingssteines" (5,50 Meter breit und 3,50 Meter hoch) – des größten originalen Trümmerstücks – an seinen alten Platz im Treppenturm G in 37,30 Meter Höhe. Sommer: Innere Kuppel wird geschlossen.
2002	April: Vierte Hebung des Wetterschutzdaches auf 57 Meter.

November: Fünfte Hebung des Wetterschutzdaches auf 68 Meter.

2003 Februar: Vergabe des Auftrages für die Orgel („im Geiste Silbermanns", barockes Gehäuse) an die Straßburger Orgelbau-Firma Daniel Kern.

4. Mai: Gottesdienst zur Weihe der sieben neuen Glocken auf dem Dresdner Schlossplatz.

7. Juni: Erstes Läuten der acht Glocken der Frauenkirche.

1. Juli: Fertigstellung der „Steinernen Glocke", der größten freitragenden Sandsteinkuppel in Glockenform nördlich der Alpen. Die 26 Meter breite und 24 Meter hohe Kuppel (12 000 Tonnen schwer, 3355 Werksteine) wurde von etwa 65 Maurern, Versetzern, Zimmerleuten und Dachklempnern in acht Monaten Bauzeit geschaffen

2004 22. Juni: Steinbau mit Laterne durch Aufsetzen der Turmhaube und des Kuppelkreuzes beendet.

2005 1. Januar: Organist Matthias Grünert tritt das Amt des Kantors der Frauenkirche an.

Februar: Maler Christoph Wetzel vollendet Ausmalung der Innenkuppel.

April: Einbau der Orgel.

1. Juli: Bezirkskantor Samuel Kummer tritt das Organistenamt an.

30. Oktober/Reformationsfest 31. Oktober: Wiedereinweihung der Frauenkirche, Orgelweihe, Festveranstaltungen.

Die Pfarrer der Frauenkirchen seit der Reformation

1. Lorenz Stumpf , † 1512
2. Thomas Churfer, † 1561
3. Martin Hofmann, † 1564
4. Peter Glaser, † 1583
5. M. Balthasar Meißner, † 1623
6. M. Christian Zimmermann, † 1665
7. M. Daniel Schneider, † 1672
8. M. Christian Lucius, † 1690
9. M. Bernhardt Schmidt, † 1697
10. M. Johann Seebisch, † 1700
11. M. Joh. Heinrich Kühn, † 1705
12. M. Joh. George Hahn, † 1706
13. M. Christian August Hausen, † 1733
14. M. Johann Weller, † 1746
15. M. Moritz Carl Woog, † 1760
16. M. Adam Grenz, † 1773
17. M. George Adolph Mehner, † 1785
18. M. Johann Friedrich Burkhardt, † 1807
19. M. Gottfried Winkler, † 1814
20. M. Johann Friedrich Heinrich Cramer, † 1820
21. M. Elias Friedrich Pöge, † 1824
22. D. Güldemann, † 1832
23. D. Heymann, † 1854 (auch Stadtsuperintendent)

24. D. Iaspis, † 1858
25. P. Steinert, † 1866
26. D. Dr. Julius Meier, – 1897 (auch Superintendent der Ephorie Dresden II 1867 bis 1890)
27. D. Paul Philipp August Benz, † 1919 (Superintendent 1890 bis 1914)
28. Karl Johannes Reimer, – ? (Superintendent 1914 bis 1929)
29. Hugo Hahn, † 1957 (Superintendent 1930 bis 1938, Landesbischof 1947–1957)
30. Ernst Arthur Schuknecht, † 1955 (1938 bis 1942)
31. Max Krebs, † 1948 (Superintendent 1942 bis 1945, die Superintendentenstelle ging anschließend an die Kreuzkirche, zur Zeit des Dritten Reiches war zeitweilig für Oberkirchenrat Seck, † 1947, eine „Dompredigerstelle" eingerichtet)
32. Michael Winkel, geb. 1944 (Pfarrstelle zu 25 Prozent von 1996 bis 1999)
33. Stephan Fritz, geb. 1960 (seit 1. 1. 2000)

Quellen

Burger, Eberhard; Schöner, Jörg: Die Frauenkirche zu Dresden. Stufen ihres Wiederaufbaus. – Michael Sandstein, Dresden 2001

Die Dresdner Frauenkirche. Jahrbuch. Band 1–10. – Hermann Böhlaus Nachfolger, Weimar 1995– 2004

Die neue Orgel der Dresdner Frauenkirche – der Weg zur Entscheidung. – Stiftung Frauenkirche, Dresden 2003

Greß, Frank-Harald: Die Orgeln der Frauenkirche zu Dresden. Gottfried-Silbermann-Gesellschaft e.V., Freiberg 1994

Helfricht, Jürgen: Die Wettiner – Sachsens Könige, Herzöge, Kurfürsten und Markgrafen (Taschenlexikon). – Sachsenbuch, Leipzig 2002

Krull, Dieter; Zumpe, Dieter: Memento Frauenkirche. Dresdens Wahrzeichen als Symbol der Versöhnung. – Verlag Bauwesen, Berlin 2001

Kuke, Hans-Joachim: Die Frauenkirche in Dresden – „Ein Sankt Peter der wahren evangelischen Religion". – Wernersche Verlagsgesellschaft, Worms 1996

Löffler, Fritz: Die Frauenkirche zu Dresden. Das christliche Denkmal. Heft 2. – Union, Berlin 1984

Spehr, Reinhard; Boswank, Herbert: Dresden – Stadtgründung im Dunkel der Geschichte. – Druckhaus Dresden, Dresden 2000

Sponsel, Jean Louis: Die Frauenkirche zu Dresden. Geschichte ihrer Entstehung von George Bährs frühesten Entwürfen an bis zur Vollendung nach dem Tode des Erbauers. – Wilhelm Baensch, Dresden 1893

Weid, Edeltraud: Keine armen Seelen. Die Ausgrabung auf dem Frauenkirchhof in Dresden. In: Archäologie aktuell im Freistaat Sachsen 3 (1995), S. 223–230

Weinert, Hermann: Die Frauenkirche im Lichte ihrer Geschichte. – Verlag des Gemeindebundes der Frauenkirchgemeinde, Dresden 1926

Inhaltsverzeichnis

Inhaltsverzeichnis

Jürgen Helfricht,

Dresdner Kreuzchor und Kreuzkirche

Eine Chronik von 1206 bis heute

144 Seiten, zahlreiche, teils farbige Abbildungen, gebunden

(ISBN 3-89876-180-0)

Der Dresdner Kreuzchor mit 140 Sängern aller Stimmlagen ist einer der weltweit renommiertesten Chöre, ein lebendiger Mythos. Erstmals bietet dieses Buch unbekannte Blicke hinter die Kulissen des Lebens der Sängerknaben, in eine faszinierende Welt voller Musik, Lebensfreude, Tradition und Pflicht, die seit Jahrhunderten den Grundstein für Aufsehen erregende Karrieren legt.

Husum Druck- und
Verlagsgesellschaft
Postfach 1480
25804 Husum

www.verlagsgruppe.de